KB212051

정토로 가는 길 ②

효행의 경전

부모은중경 · 목련경
우란분경 · 지장경

효행의 경전

부모은중경 · 목련경
우란분경 · 지장경

정토로 가는 길 ②

일지 옮김

민족사

부모은중경(父母恩重經) … 9

효행의 경전

목련경(目連經) ··· 75

지장경(地藏經) ··· 151

일러두기

—

1. 본서는 우리나라 불교 신자들에게 친근한 효행과 자비의 경전인 《부모은 중경》, 《목련경》, 《우란분경》, 《지장경》의 현대어 역을 한 권으로 묶은 대 중 경전이다. 본서는 평이한 문체의 한글을 전용하였으나 꼭 필요한 한자 (漢字)는 괄호 안에 표기하였다.

2. 본서에 수록된 경전은 내용과 구성에 따라서 단락을 나누고 필요한 소 제목으로 배열하였으며 독자들의 편의를 위하여 상세한 역주와 해설을 수록하였다.

3. 일반적으로 잘 알려져 있는 불·보살의 명호와 인도의 절 이름, 지명은 본 서에 수록된 경전의 번역에 사용된 저본이 한역불전(漢譯佛典)이므로 한 자음을 따랐다. 또한 한자음이 변하여 한글음으로 통용되고 있는 관용 음은 그대로 적었다.

4. 본서에 수록된 경전의 번역에 사용된 저본은 다음과 같다.
   ①부모은중경: 1796년(정조 20) 경기도 용주사 개간, 순언해본. 본서에는 김홍도의 판화를 함께 수록하여 독자들의 이해를 돕고자 하였다.
   ②목련경: 《목련문경(目連問經)》에서 발전된 별행경전(別行經典).
   ③우란분경: 서진 축법호 역 《불설우란분경》(大正藏 16).
   ④지장경: 당 실차난타 역 《지장보살본원경》(大正藏 13).

부모은중경
(父母恩重經)

1.
법회의 시작

—

나는 이와 같이 들었다.[1]

어느 때 부처님께서는 사위국(舍衛國)[2] 왕사성(王舍城)[3]의 기수급고독원(祇樹給孤獨園)[4]에서 삼만팔천인의 대비구와 여러 보살[5]마하살[6]들과 함께 계셨다.

그때 부처님께서는 대중들과 함께 남쪽으로 나아가시다가 마른 뼈 한 무더기를 보시자 오체를 땅에 기울여 마른 뼈에 예배하셨다. 이에 아난[7]과 대중들이 여쭈었다.

2.
마른 뼈에 절하신 까닭
—

"세존이시여, 여래께서는 삼계(三界)[8]의 거룩한 스승이시며 사생(四生)[9]의 자비하신 어버이십니다. 많은 사람들이 부처님께 귀의하고 공경하옵거늘 어찌하여 이 마른 뼈에 예배하시옵니까?"

부처님께서 아난에게 말씀하셨다.

"그대가 비록 나의 훌륭한 제자이며 출가하여 오래 수행하였건만 그 앎은 넓지 못하구나. 여기 이 마른 뼈 한 무더기는 어쩌면 내 전생의 조상이거나 여러 생을 거치는 동안의 어버이일 것이므로 내 이제 예배하는 것이다."

부처님께서 아난에게 다시 말씀하셨다.

"그대가 이 한 무더기 마른 뼈를 둘로 나누어 보아라. 만일 남자의 뼈라면 희고 무거울 것이며 여자의 뼈라면 검고 가벼울 것이다."

아난이 부처님께 말씀드렸다.

"세존이시여, 남자는 세상에 있을 때 큰 옷을 입고 띠를 매고 신을 신고 모자를 쓰기 때문에 남자인 줄 알며, 여인은 붉은 주사와 연지를 곱게 바르고 향수로 치장하기 때문에 여인이라는 것을 알 수가 있습니다. 그러나 죽은 후의 백골은 남녀가 마찬가지이거늘 제가 어떻게 그것을 알아볼 수 있겠습니까?"

부처님께서 아난에게 말씀하셨다.

"만약 남자라면 세상에 있을 때 가람(伽藍, 절)[10]에 나가 법문도 듣고 경전을 독송하며 삼보(三寶)[11]께 예배도 하며 부처님의 명호도 염송하였을 것이다. 그러므로 그 사람의 뼈는 희고 무거우니라.

그러나 여인은 감정을 함부로 나타내고 정욕에만 뜻을 두며, 아들을 낳고 딸을 기르되 한 번 아이를 낳을 때마다 엉긴 피를 서 말 서 되나 흘리며, 아기에게 여덟 섬

효행의 경전

너 말이나 되는 흰 젖을 먹여야 한다. 그러므로 여인의 뼈는 검고 가벼우니라."

아난이 부처님의 말씀을 듣고 가슴을 도려내는 듯하여 슬프게 울면서 부처님께 말씀드렸다.

"세존이시여, 어머니의 은덕을 어떻게 보답할 수 있겠습니까?"

3.
아기를 낳으실 때까지의 고생

—

부처님께서 아난에게 말씀하셨다.

"그대는 지금부터 자세히 듣고 잘 생각하여라. 내가 그대를 위해 분별하여 설하리라.

어머니가 아기를 잉태하면 열 달 동안 큰 고통을 받느니라. 어머니가 아기를 잉태한 첫달에는 그 기운이 마치 풀잎 위의 이슬 같아서 아침에 잠시 보존하지만 저녁에는 보존할 수 없으니 이른 새벽에는 피가 모였다가 오후가 되면 흩어져 가느니라.

어머니가 아기를 잉태한 지 두 달이 되면 마치 우유를 끓였을 때 엉긴 모양과 같으니라.

어머니가 아기를 잉태한 지 석 달이 되면 그 기운이 마치 엉긴 피와 같으니라.

어머니가 아기를 잉태한 지 넉 달이 되면 점차 사람의 모양을 이루고, 다섯 달이 되면 아기는 다섯 부분의 모양을 갖추게 되나니 무엇을 다섯 부분의 모양이라고 하는가?

머리가 한 부분이며, 두 팔꿈치까지 합해 세 부분이며, 두 무릎을 합해서 다섯 부분이라고 하느니라.

어머니가 아기를 잉태한 지 여섯 달이 되면 어머니 뱃속에서 아기의 여섯 가지 정기(精氣)가 열리나니 여섯 가지 정기란 눈이 첫째 정기요, 귀가 둘째 정기이며, 코가 셋째 정기요, 입이 넷째 정기이며, 혀가 다섯째 정기이며, 뜻이 여섯째 정기이니라.

어머니가 아기를 잉태한 지 일곱 달이 지나면 아기는 어머니 뱃속에서 삼백육십 뼈마디와 팔만사천 모공을 이루게 되느니라.

어머니가 아기를 잉태한 지 여덟 달이 되면 아기의 뜻과 꾀가 생기고 그 아홉 가지 기관이 크게 자라게 되느니라.

어머니가 아기를 잉태한 지 아홉 달이 되면 아기는 어머니 뱃속에서 무엇인가를 먹게 되니 이때 어머니는 복숭아와 배, 마늘은 먹지 말고 오곡만을 먹어야 하느니라.

어머니의 생장(生藏)[12]은 아래로 향하고 숙장(熟藏)[13]은 위로 향하여 있는데 그 사이에 산이 하나 있으되 세 가지 이름이 있다. 첫째 이름은 수미산이요, 둘째 이름은 업산(業山)이요, 셋째 이름은 혈산(血山)이다. 이 산이 한 번 무너져서 변하면 한 줄기 엉긴 피가 되어서 아기의 입 속으로 흘러 들어가느니라.

어머니가 아기를 잉태한 지 열 달이 되면 바야흐로 아기가 태어나게 되나니 만약 효순한 아들이라면 주먹을 쥐어 합장하고 나와서 어머니의 몸을 상하지 않게 한다.

만약 오역죄(五逆罪)[14]를 범할 아들이라면 어머니의 포태(胞胎)를 제치고 손으로는 어머니의 간과 염통을 움켜쥐고 다리로는 어머니의 엉덩이뼈를 밟아서 어머니는 마치 일천 개의 칼로 배를 저미고 일만 개의 칼날로 염통을 쑤시는 듯한 고통을 느끼게 된다."

효행의 경전

4.
부모님의 열 가지 크신 은혜
—

　이와 같이 어머니를 고통스럽게 하고 이 몸이 태어났음에도 불구하고 그 위에 또 열 가지 은혜가 있다.

① 잉태하여 수호해 주신 은혜

첫째는 아기를 잉태하여 수호해 주신 은혜이니 게송으로 일러 말한다.

여러겁을 지나오며 인연이 지중하여
금생에는 어머니의 모태에 의탁했네
날이가고 달이가서 오장이 생겨나고
일곱달에 이르러서 육정이 열렸어라

어머니몸 무겁기는 산악과 다름없고
가나오나 서고앉고 풍재가 두려우며
아름다운 비단옷도 도무지 입지않고
단장하던 거울에는 먼지만 쌓였도다

효행의 경전

懷躭守護恩

② 낳으실 때 고통받으신 은혜

둘째는 아기를 낳을 때 고통받으신 은혜이다. 게송으로 일러 말한다.

아기를 잉태한지 열달이 다되어서
어려운 해산날이 빨리도 다가오니
날마다 오는아침 중병든 몸과같고
나날이 정신조차 희미해 지는구나

두렵고 떨려오는 마음을 어찌하나
근심은 눈물되어 가슴에 가득하네
슬픈빛 가이없어 친척에 말하기를
마침내 죽지않나 두렵기만 합니다

臨産受苦恩

③ 아기를 낳고서 근심을 잊으신 은혜

셋째는 아기를 낳고서 근심을 잊으신 은혜이다. 게송
으로 일러 말한다.

자비하신 어머니 그대를 낳으신날
오장육부 모두를 쪼개고 해치는듯
육신이나 마음이 모두다 기절하고
짐승잡은 자리인듯 피를 흘렸어도

낳은아기 씩씩하고 어여쁘다 말들으면
기쁘고도 기쁜마음 무엇으로 비유할까
기쁜마음 정해지면 또다시 슬픈마음
괴롭고도 아픈것이 온몸에 사무치네

生子忘憂恩

④ 쓴 것은 삼키고 단 것은 먹이신 은혜

넷째는 입에 쓴 것은 삼키고 단 것이면 뱉어서 먹이시
던 은혜이다. 게송으로 일러 말한다.

무겁고도 깊은것이 부모님의 크신은혜
사랑하고 보살피심 한결같아 끊임없네
단음식은 다뱉으니 드실음식 무엇이며
쓴음식만 드시면서 기쁜얼굴 잃지않네

사랑하심 중하시어 깊은정은 다함없네
지중하신 은혜처럼 슬픔또한 더하시어
다만어린 아기에게 잘먹일것 생각하니
자비하신 어머니는 굶주려도 기쁜마음

咽苦吐甘恩

⑤ 마른 자리에 뉘신 은혜

다섯째는 마른 자리는 아기에게 돌리시고 스스로 젖은 자리로 나아가신 은혜이다. 게송으로 일러 말한다.

어머니 당신몸은 젖은자리 누우시고
아기는 받들어서 마른자리 눕히시네
가슴의 두젖으로 목마름을 채워주고
고우신 소매로는 찬바람을 가려주네

아기를 돌보시어 잠들때가 없으셔도
아기의 재롱으로 큰기쁨을 삼으시네
오로지 어린아기 편안할것 생각하고
어머니 자비하심 편안함도 잊으셨네

廻乾就濕恩

⑥ 젖을 먹여 기르신 은혜

여섯째는 젖을 먹여 기르시는 은혜이다. 게송으로 일러 말한다.

어머니의 중한은혜 땅에다 비유하랴
아버님의 높은은덕 하늘에 비유하랴
하늘은혜 땅의은혜 아무리 크다해도
아버지와 어머니의 큰은혜 그를넘네

아기비록 눈없어도 미워함 없으시고
손과발이 불구라도 싫어함 없으시네
배가르고 피를나눠 친히낳은 자식이라
종일토록 아끼시고 사랑하심 한량없네

乳哺養育恩

⑦ 더러움을 씻어주신 은혜

일곱째는 더러움을 깨끗이 씻어주신 은혜이다. 게송으
로 일러 말한다.

생각컨대 그옛날의 아름답던 그얼굴과
아리따운 그몸매는 곱기만 하셨었네
두눈썹은 푸른버들 기른듯 하셨었고
두뺨의 붉은빛은 연꽃을 닮으신듯

은혜가 깊을수록 그모습 사라지고
더러운것 씻느라고 맑은얼굴 상하셨네
한결같이 아들딸만 사랑하고 거두시다
자비하신 어머니의 얼굴마저 시드셨네

洗濯不淨恩

⑧ 먼 길 떠난 자식 염려하신 은혜

여덟째는 먼 길 떠난 자식 염려하고 생각하시는 은혜
이다. 게송으로 일러 말한다.

죽어서 헤어짐도 슬프고 괴롭지만
살아서 헤어짐은 더욱더 서러워라
자식이 집을나가 먼길을 떠나가니
어머니 모든생각 타향에 나가있네

주야로 그마음은 아들을 따라가고
흐르는 눈물줄기 천줄기 만줄기네
원숭이 달을보고 새끼생각 울부짖듯
간장은 염려하는 생각으로 다끊기네

遠行憶念恩

⑨ 자식 위해 나쁜 일 하신 은혜

아홉째는 자식 위해 나쁜 짓도 감히 하시는 은혜이다.
게송으로 일러 말한다.

부모님의 크신은혜 강산같이 중하여서
깊고깊은 그은덕은 실로갚기 어려워라
자식들의 괴로움은 대신받기 원하시고
자식들이 고생하면 부모마음 편치않네

자식들이 머나먼길 떠나가서 있으면
잘있는가 춥잖은가 밤낮으로 근심하고
자식들이 잠시라도 괴로운일 당할때면
어머니의 그마음은 오랫동안 아프시네

⑩ 끝없이 사랑하시는 은혜

열째는 끝없이 자식을 사랑하시는 은혜이다. 게송으로 일러 말한다.

부모님의 크신은혜 깊고도 지중하네
크신사랑 잠시라도 그칠새 없으시니
일어서고 앉더라도 그마음 따라가고
멀더라도 가까워도 크신뜻 함께있네

어머니의 나이높아 일백살 되었어도
여든살된 그아들을 언제나 걱정하네
이와같이 크신사랑 어느때 끊이실까
목숨이나 다하시면 그때나 쉬게될까

究竟憐愍恩

5.
갖가지 불효
—

부처님께서 아난에게 말씀하셨다.

"내가 중생들을 보건대 모양은 비록 사람이지만 마음과 행실이 어리석고 어두워서 부모님의 크신 은혜를 생각하지 아니하고 부모님을 공경하는 마음을 내지 않으며 은혜를 저버리고 덕을 배반하며 자비한 마음이 없어서 효도하지 아니하며 의리를 저버리는 중생들이 많으니라.

어머니가 아기를 잉태한 열 달 동안은 일어서고 앉는 것이 편하지 않아서 마치 무거운 짐을 진 사람과 같고 음식을 잘 내리지 못하여 큰 병에 걸린 것과 같느니라.

효행의 경전

달이 차서 아기를 낳을 때는 한없는 고통을 받으며, 잠깐 잘못으로 죽게 되며 돼지나 양을 잡은 것처럼 피가 흘러 자리를 적시느니라.

이와 같은 고통을 겪고 자식을 낳은 후에는 쓴 것은 삼키고 단 것은 뱉어서 아기에게 먹이며 품안에 안아서 기르느니라.

더러운 것은 깨끗이 씻어내고 아무리 힘들고 괴로워도 싫어하지 않으며, 더운 것도 참고 추운 것도 참아내며 고생되는 일을 사양하지 않아서 마른 자리에는 아기를 눕히고, 젖은 자리에는 어머니가 눕느니라.

아기는 삼 년 동안 어머니의 흰 피를 먹고 자라나서 동자가 되고 점점 나이가 들면 예절과 도의를 가르치며 장가를 들이고 시집을 보내며 벼슬도 시키고 직업을 갖게 하느니라.

또 수고하여 가르치고 정성을 다하여 기르는 일이 끝나더라도 부모의 은혜로운 정은 끊임이 없어서 자식들이 병이 나면 부모도 함께 병이 나고 자식의 병이 나으면 비로소 부모의 병도 낫느니라.

이와 같이 양육하여 어서 어른이 되기를 바라지만 자식은 장성한 뒤에는 오히려 부모님께 효도하지 않느니라. 존친들과 이야기할 때 그 대함이 불경스럽고 심지어 눈을 흘기거나 눈알을 부라리며 부모와 형제도 속이고 업신여기느니라.

형제간에 때리고 욕하며 친척들을 헐뜯고 예절과 의리를 저버리며 스스로의 가르침도 따르지 아니하고 부모의 분부를 따르지 않느니라.

형제간의 약속도 짐짓 지키지 않고 출입왕래도 어른께 아뢰지 않으며 말과 행실이 어긋나서 스스로 교만하고 함부로 일을 처리하느니라.

부모들은 이를 훈계하고 책망하여 가르쳐야 하고 백부나 숙부들도 그 잘못을 타일러야 하건만은, 어려서부터 어여쁘게만 생각하여 어른들이 덮어 주기만 하니, 자식은 점점 장성하면서 더욱 거칠어지고 잘못되느니라. 잘못한 일을 고치려 하지 않고 잘못을 타이르면 오히려 화를 내고 원망하며 착한 벗을 버리고 악한 사람을 가까이 하게 되느니라.

이러한 습관이 계속되어 성격을 이루게 되니 드디어 나쁜 계교를 꾸미고 남의 꾀임에 빠져 타향으로 도망하기도 하느니라.

이와 같이 부모를 등지고 혹은 장삿길로 나가기도 하고 전쟁에 나가기도 하여 이럭저럭 지내다가 장가를 들게 되면 이것이 장애가 되어 오랫동안 집에 돌아오지 않느니라.

혹은 타향에서 사는 동안 조심하지 않다가, 나쁜 이의 꾀임에 빠져 횡액을 만나 잡힌 몸이 되어 이리저리 끌려다니기도 하고, 억울하게 형벌을 받아 감옥에 갇혀서 목에 칼을 쓰고 발목에 쇠사슬을 차기도 하며, 혹은 병을 얻어 고난을 당하거나 모진 액난을 만나서 고통스럽고 굶주려도, 아무도 돌봐 주는 사람이 없게 되느니라.

또한 남의 미움과 천대를 받아 길거리에 헤매다가 마침내 죽게 되어도 아무도 그를 보살펴 주는 사람이 없고 이윽고 죽게 되어 시체가 썩고 볕에 쪼이고 바람에 흩어져서 백골이 타향땅에 굴러다니게 되어 친척들과 영원히 만날 수 없게 되고 마느니라.

이때 부모의 마음은 자식을 위해 오랫동안 근심하고 걱정하다가 혹은 피눈물로 울다가, 눈이 어두워져서 마침내 눈이 멀기도 하며 혹은 너무 슬퍼하다가 기운이 다하여 병들기도 하느니라.

자식 생각에 몸이 쇠약해져서 마침내 죽으면 외로운 혼이 되어서도 끝내 자식 생각을 버리지 못하느니라.

또한 다시 듣건대 자식이 효도와 의리를 따르지 않고, 나쁜 무리들을 따라다니고 어울려서 거칠은 건달패가 되어, 무익한 일들을 즐겨 배우고 남을 때리고 싸우며 도둑질을 하고, 마을의 풍속을 어기며 술 마시고 노름하면서 여러 가지 악업을 짓느니라.

이로 인해서 형제들에게도 누를 끼치고 부모님에게 큰 걱정을 주느니라. 새벽에 나가고 밤늦게 돌아와서 부모가 항상 근심하게 하느니라.

또한 부모가 어떻게 사시는지, 춥고 더운 것도 모르는 체하고 초하루와 보름에도 문안드리지 아니하며, 부모를 길이 편안히 모실 것을 생각하지 아니하고 부모가 나이

효행의 경전

가 많아 몸이 쇠약하고 모양이 파리하면 남이 볼까 부끄럽다고 구박하고 모욕하느니라.

혹은 아버지가 홀로 되거나 어머니가 홀로 되어 혼자서 빈 방을 지키게 되면, 마치 손님이 남의 집에 붙어 있는 것처럼 여겨서, 평상이나 자리에 흙먼지가 쌓여도 한 번도 닦아 내지 않으며, 부모가 있는 방에 들어가 문안하거나 보살피는 일이 없느니라. 방이 춥거나 덥거나 부모가 목이 마르거나 굶주려도 아는 체를 하지 않느니라.

자식의 행실이 이러하니 부모는 밤낮으로 탄식하고 슬퍼하게 되느니라.

혹 맛있는 음식이 있으면 마땅히 부모님께 올려서 봉양해야 하거늘 매양 거짓으로 없는 체하고, 또 다른 사람들의 비웃음을 받으면서도 제 아내나 자식만 생각하니 이것이 못난 일임에도 불구하고 부끄러움을 모른다.

또한 아내와 첩과의 약속은 무슨 일이든 지키면서 어른의 말씀과 꾸지람은 조금도 어렵거나 두렵게 생각하지 않느니라.

혹은 딸자식으로서 시집 가기 전에는 효순했으나 시

집 간 이후에는 불효를 저지르기도 하느니라.

부모가 조금만 꾸짖어도 화를 내고 원망하면서 제 남편이 꾸짖고 때리면 참고 받으며 달게 여기느니라. 성이 다른 남편쪽의 친척에게는 정이 깊고 사랑이 두터우면서 자기의 친정은 오히려 멀리 하느니라.

혹 남편을 따라서 멀리 타향으로 옮겨가게 되면 부모와 이별하고서도 도무지 사모하는 생각이 없으며 소식을 끊고 편지도 보내지 않아서 부모로 하여금 창자가 끊어지고 거꾸로 매달리는 고통을 받게 하며, 항상 딸의 얼굴을 보고 싶어하기를 마치 목마를 때 물을 생각하듯이 잠시도 끝날 날이 없게 하느니라.

부모의 은혜는 이와 같이 한량없고 끝이 없건만 이 은혜를 배반하고 가지가지로 불효하는 죄업은 다 말하기 어려우니라."

6.
다 갚지 못할 부모님의 은혜

—

이때 여러 대중들은 부처님께서 부모님의 은혜를 말씀하심을 듣고 몸을 일으켜 스스로 땅에 부딪쳐 피를 흘리면서 슬퍼하다가 한참 만에 깨어나서 큰 소리로 부르짖으며 말했다.

"아아, 슬프고 슬프도다. 우리들은 이제야 큰 죄인임을 알았습니다. 지금까지 깨닫지 못하고 캄캄한 어둠 속에서 헤매는 것 같더니 이제 잘못됨을 깨닫고 보니 가슴속이 부서지는 것 같습니다. 바라옵나니 세존이시여, 저희들을 불쌍히 여기시어 구원하여 주옵소서. 어떻게 하면 부모의 깊은 은혜를 갚을 수 있겠습니까?"

그때 여래께서는 곧 여덟 가지 깊고 장중한 범음(梵音)[15]으로 여러 대중들에게 설법하셨다.

"그대들은 분명히 알지어다. 내 이제 그대들을 위하여 설하리라.

가령 어떤 사람이 있어서 오른쪽 어깨에 어머니를 업고서 수미산을 백천 번 돌아 피부가 닳고 골수가 드러나더라도 부모의 깊은 은혜는 마침내 다 갚을 수 없느니라.

또한 어떤 사람이 흉년을 만나 자기의 살을 도려내어 티끌같이 잘게 잘리는 고통을 받으며 공양하기를 백천 겁(劫)[16] 동안 계속 하더라도 부모님의 깊은 은혜는 오히려 다 갚지 못하느니라.

또한 어떤 사람이 부모를 위해서 날카로운 칼로 자기의 소중한 눈동자를 도려내어 부처님께 바치기를 백천 겁 동안 계속 하더라도 부모님의 깊은 은혜는 오히려 다 갚지 못하느니라.

또한 어떤 사람이 부모를 위해서 자신의 심장과 간을 날카로운 칼로 찔러 흐른 피가 땅을 덮어도, 아프고 괴로움을 사양하지 않기를 백천 겁 동안 계속 하여도 부모님의 깊은 은혜는 오히려 다 갚지 못하느니라.

또한 가령 어떤 사람이 부모를 위하여 백천 자루의 칼로 자기의 몸을 찔러 칼날이 좌우로 드나들기를 백천 겁 동안 계속 한다고 하더라도, 부모님의 깊은 은혜는 오히려 다 갚지 못하느니라.

또한 어떤 사람이 부모를 위하여 자기의 몸에 불을 붙여 등을 만들어 부처님께 백천 겁 동안 공양한다고 하더라도 부모님의 깊은 은혜는 오히려 다 갚지 못하느니라.

또한 어떤 사람이 부모를 위하여 뼈를 부숴 골수를 드러내며 백천 개의 칼과 창으로 일시에 자기의 몸을 쑤시기를 백천 겁 동안 계속 한다고 하더라도 부모님의 깊은 은혜는 다 갚지 못하느니라.

또한 어떤 사람이 부모를 위하여 뜨거운 무쇠 덩어리를 삼켜 백천 겁이 지나도록 온 몸이 데어 부풀어 오를지라도 부모님의 깊은 은혜는 다 갚지 못하느니라."

7.
부모님의 은혜에 보답하는 길

—

이때 여러 대중들은 부처님께서 부모의 깊은 은혜를 설하심을 듣고 슬피 울면서 다시 부처님께 말씀드렸다.

"세존이시여, 저희들은 진실로 큰 죄인임을 알았습니다. 어떻게 하면 부모의 깊은 은혜를 다 갚을 수 있겠습니까?"

부처님께서 제자들에게 말씀하셨다.

"부모의 은혜에 보답하려는 사람들은 부모를 위해서 이 경을 서사하며, 부모를 위해서 이 경을 읽고 외우며 부모를 위해서 죄업과 허물을 참회하며, 부모를 위하여 불법승 삼보전에 공양하며, 부모를 위하여 재계(齋戒)[17]

를 받아 지키며 부모를 위하여 보시(布施)[18]하고 공덕을 지어야 한다.

자식이 밖에서 햇과일을 얻거든 집으로 가지고 와서 부모에게 올려야 하나니, 부모가 이것을 얻어 기뻐하며 혼자만 먹을 수 없어서 먼저 삼보께 올려 공양하면 곧 보리심(菩提心)[19]을 일으키게 되느니라.

부모가 병이 나면 곁을 떠나지 말고 직접 간호할지어다. 주야로 삼보께 귀의하고 부모의 병이 낫기를 축원하고 잠시라도 은혜를 잊어서는 안 되느니라.

부모가 완고하여 삼보를 받들지 않으며, 어질지 못하여서 남의 재물을 상하게 하고, 의롭지 못하여 남의 재물을 훔치고, 예의가 없어서 몸가짐을 단정히 하지 못하며, 신의가 없어서 남을 속이며, 지혜가 없어서 술을 즐겨 마시면 자식은 그 잘못을 말하여 부모님을 깨우치게 하여야 하느니라. 그래도 깨우침이 없으면 눈물로써 호소하고 스스로 식음을 전폐해야 할 것이다.

부모가 비록 완고하다고 할지라도 자식이 죽는 것은 두려워하므로 은애(恩愛)의 정에 못 이겨 바른 길로 나아가게 되느니라.

부모가 마침내 오계(五戒)[20]를 받들어 자비를 깨우쳐 살아 있는 생명을 죽이지 않으며, 바름을 알아 남의 재물을 훔치지 않으며, 예절을 알아 방탕하지 않으며, 믿음을 알아 속이지 않으며, 지혜를 알아 술에 취하지 않으며, 이승에서는 편안한 삶을 누리고 저승에서는 천상[21]에 나게 되어, 부처님을 뵈옵고 법문을 들어 지옥[22]의 괴로움에서 영원히 벗어나게 될 것이다.

만약 능히 이렇게 실천하면 효순된 자손이라 할 것이요, 이렇게 실천하지 않으면 지옥에 떨어질 중생이라 할 것이다."

8.
불효의 과보
—

부처님께서 아난에게 다시 말씀하셨다.

"불효를 저지른 자식은 몸이 허물어져서 죽게 되면 무
간지옥(無間地獄)[23]에 떨어지느니라. 무간지옥은 길이와
넓이가 팔만 유순(由旬)[24]이며 사면에 무쇠로 된 성이 둘
러싸여져 있다.

그 성의 하늘에는 쇠그물로 덮여 있으며 땅 위에는 붉
은 쇠가 깔려 있어서 뜨거운 불길이 활활 타오르고 맹렬
한 불꽃이 우레같이 타오르고 번개처럼 반짝이느니라.

이 지옥에서는 끓는 구리와 무쇠물을 죄인의 입에 부
어 넣으며 무쇠로 된 뱀과 구리로 된 개가 항상 연기와

불꽃을 토하면서 죄인을 물어뜯고 지지고 구워서 죄인의 살은 불에 타고 기름에 끓어 참으로 견딜 수 없는 고통을 받게 되느니라. 또 그 위에 쇠채찍과 쇠망치, 칼과 칼날이 돌개바람처럼 몰아치고 비나 구름처럼 쏟아져 내려와서 찌르고 베이느니라.

이와 같은 고통은 겁이 지나도록 그치지 않느니라. 또 다시 이 죄인들은 다른 지옥으로 들어가서 머리에 불화로를 이고 쇠로 만든 수레로 사지를 찢어서 창자와 뼈, 살이 불타고 사방으로 찢기어 하루 동안에 천 번 살아나고 만 번 죽게 되느니라.

이와 같은 고통을 겪게 되는 것은 모두 전생에 범한 오역죄(五逆罪)와 불효의 업보 때문이니라."

9.
지옥의 고통에서 벗어나는 길
—

이때 여러 대중들이 부처님께서 설하신 부모의 은혜에 관한 말씀을 듣고 눈물을 흘리고 슬피 울면서 말했다.

"저희들이 이제 어떻게 해야 부모의 깊은 은혜를 갚을 수 있겠습니까?"

부처님께서 제자들에게 말씀하셨다.

"부모의 은혜에 보답코자 할진대 부모의 은혜를 위하여 경전을 거듭 널리 펴라. 이것이 참으로 부모의 은혜를 갚는 것이니라.

경전 한 권을 세상에 펴면 한 부처님을 뵈올 수 있으

며 열 권을 펴면 열 부처님을 뵈올 수 있다. 또한 능히 백 권을 펴면 백 부처님을 뵈올 수 있으며 천 권을 세상에 전하면 천 부처님을 뵈올 수 있고 만 권을 펴면 만 부처 님을 뵈올 수 있느니라.

이 사람들은 경전을 세상에 펴는 공덕으로 여러 부처 님들이 항상 오셔서 옹호하나니 그 사람의 부모는 천상 에 태어나게 되어 여러 가지 즐거움을 받으며 지옥의 고 통에서 영원히 벗어나게 되느니라."

그때 여러 대중들과 함께 있던 아수라(阿修羅),[25] 가루 라(迦樓羅),[26] 마후라가(摩睺羅迦),[27] 인비인(人非人)[28] 등 과 천(天),[29] 용(龍),[30] 야차(夜叉),[31] 건달바(乾闥婆)[32]와 또 한 여러 작은 나라의 왕들과 전륜성왕(轉輪聖王)[33] 등의 여러 대중들은 부처님의 말씀을 듣고 모두 서원을 발하 여 말했다.

"저희들은 오는 세상이 다할 때까지, 이 몸을 부수어 먼지를 만들어 백천 겁이 지날지라도 부처님의 거룩하 신 가르침을 어기지 않겠습니다.

또 차라리 백천 겁 동안 혀를 백 유순의 길이로 베어

내고 이것을 쇠보습으로 갈아서 피가 시냇물처럼 흘러내리더라도 부처님의 거룩하신 가르침을 어기지 않겠습니다.

또 차라리 백천 자루의 칼로써 이 몸을 좌우에서 찌르더라도 부처님의 거룩하신 가르침을 어기지 않겠습니다.

또 차라리 쇠그물로 이 몸을 얽어서 백천 겁을 지나더라도 부처님의 거룩하신 가르침을 어기지 않겠습니다.

또 차라리 작두와 방아로 이 몸을 찧고 부수어 백천만 조각이 나고 가죽과 살, 힘줄과 뼈가 모두 가루가 되어 떨어져 나가기를 백천 겁이 지나더라도 마침내 부처님의 가르침을 어기지 않겠습니다."

10.
경전의 명칭
—

이때 아난이 부처님께 말씀드렸다.

"세존이시여, 이 경의 이름은 무엇이며 저희들은 어떻게 받아 지녀야 하겠습니까?"

부처님께서 아난에게 말씀하셨다.

"이 경의 이름은 대보부모은중경(大報父母恩重經)이라 할 것이니 그대들은 이 이름으로 항상 받들어 지닐지니라."

그때 천신과 사람과 아수라 등 여러 대중들이 부처님의 말씀을 듣고 모두 크게 기뻐하면서 믿고 받들어 지니며 행하면서 예배하고 물러갔다.

부모은중경 해설

부모은중경의 마음

《부모은중경(父母恩重經)》은 효도의 경전이다. 동서고 금을 막론하고 《부모은중경》만큼 부모의 은혜를 탁월하 고 깊이 있게 그려낸 고전은 없을 것이다.

이 경전은 인류가 두 발로 서기 시작했을 때부터 변함 없는 부모와 자식의 운명을 속임없이 진술하게 그려낸 다.

이 경전에서 부모는 항상 자식으로 인해 천생의 슬픔 을 안고 사는 존재이다. 또한 자식은 부모의 슬픔을 전혀 깨닫지 못하고 불효와 불의를 일삼는 존재로 그려진다. 그렇다. "자식을 낳아봐야 부모의 마음을 안다"는 속담처럼 우리는 부모가 가진 천생의 슬픔을 깨닫지 못하고 항상 부모의 가슴을 아프게 하는 철없는 자식들인 것이다.

《부모은중경》은 부모의 슬픔을 애조 띤 문체로 진솔하게 그려냄으로써 읽는 이들로 하여금 인간의 근원적인 매듭, 즉 부모와 자식의 운명을 성공적으로 그려내고 있다.

그래서《부모은중경》의 가치는 오늘 우리에게 다른 여느 경전 못지 않은 무게를 갖고 다가온다.

부모은중경의 구성

《부모은중경》은 '부모님의 깊은 은혜를 설하는 경전'이다. 원제는《불설대보부모은중경(佛說大報父母恩重經)》.

불교는 고도의 사상적 체계를 갖춘 종교이며 인간의 윤리적 품성을 함양하는 실천체계를 발전시켜 왔다. 그러나 불교는 일차적으로 세간적 오염을 정화하고 업, 번뇌로부터의 해탈을 지향한다는 점에서, '세속윤리 특히 효(孝)의 윤리를 외면하고 있지 않은가'라는 의문을 받아왔다. 이것은 여러 시대의 불교 비판자들이 불교에 대한 불만을 터뜨릴 때마다 으레 내세우는 주제였다.

불교는 본시 자비, 인과응보, 시은보은(施恩報恩)의 사상을 바탕으로 세속윤리의 철저한 완성을 추구하는 종교이다. 불교사에서 가장 위대한 제왕으로 알려져 있는 인도의 아쇼카(Asoka, B.C. 268~232 재위) 왕은 자신의 정치이념과 불교신앙을 새긴 석주(石柱)를 인도의 곳곳에 세웠다. 그는 석주에 새겨진 자신의 칙명에서 다음과 같이 선포했다.

"아무리 광대한 보시를 행하더라도 극기, 마음의 청정, 보은에 대한 견고하고 깊은 믿음이 없다면 그는 천한 사람이다."

계속하여 그는 바람직한 인간관계를 강조하는 칙명으로서 양친과 스승에 대한 순종, 종교인에 대한 보시와 존경, 그리고 친우와의 바른 관계 및 극빈자와 하인에 대한 바른 대우를 선포하고 있다.

《부모은중경》에서 설해지는 '효의 윤리' 역시 불교적 보은(報恩)의 정신을 바탕으로 인간의 도리를 일깨우고 있다. 불교는 《부모은중경》을 통해서 부모의 은혜를 깨닫고 보은에 힘쓰는 효심이야말로 부처님의 마음이며 불교의 마음이라는 것을 민중 속에 뿌리내리고 있는 것이다.

그 대표적인 효심(孝心)의 경전이 바로 《부모은중경》인 것이다. 이 경전은 오직 불교적 관점에서의 인간 이해만이 그려낼 수 있는 인간의 깊은 슬픔과 사랑, 자식에 대한 부모의 슬픔과 사랑을 담고 있는 경전이다.

이 경전의 구성은 다음과 같다.

부처님께서 아난과 함께 여행하다가 길가에 뒹구는 뼈무더기를 보고 절을 한다. 아난이 "왜 절을 하십니까?"라고 묻자 부처님께서는 "끝없는 옛적부터 금생에 이르는 동안 육도중생(六道衆生)이 다 나의 부모형제 아님이 없다"고 말씀하신다.

이것이 《부모은중경》의 시작이다.

또 부처님께서는 아난에게 그 뼈의 남녀 성별을 구분해 주며 아기를 낳아 기른 어머니의 고통과 열 가지 크신 은혜[十重大恩]를 설하신다.

그 열 가지 속에는 자식들이 저지르는 온갖 불효의 형태를 매우 적나라하게 설하고 있다. 그리고 부모의 은혜에 보답하는 길을 설한다. 뿐만 아니라 온갖 불효의 과보로 지옥의 고통을 설명한다.

끝으로 아난과 법회에 모인 대중들이 효행을 서원하고 이 경이 후세까지 계승 발전하도록 유언하는 데에서 이 《부모은중경》은 막을 내리고 있다.

생명에 대한 경외심을 설하는 경전

예부터 우리는 부모친지의 은혜를 기리며 보답하는 효를 국가의 존립, 사회의 안녕, 가족의 평화에 근본을 이루는 미덕으로 삼아 왔다. 그러나 더욱 깊이 생각해 본다면 우리는 한 세대의 부모뿐만 아니라 부모의 부모

또 그 부모의 부모, 즉 선대(先代)로부터 많은 생명의 은혜를 입고 있다. 그러므로 모든 개인은 자신의 존재를 자랑할 만한 충분한 이유가 있다.

그러나 우리는 선조들의 하늘과 같은 은혜를 잊어버리고 마치 저 혼자 성장하여 사람이 된 것처럼 생각하고, 자만에 빠져서 불효를 저지르고 있다.

《부모은중경》은 바로 저 아득한 베일 속의 먼 과거로부터 면면히 흘러온 생명의 은혜를 깨닫고 보답할 것을 가르치는 경전이다.

우리는 생명에 대한 깊은 경외심을 갖고 감사하는 마음을 가질 필요가 있다. 그렇게 함으로써만이 우리는 인류만이 아닌 다른 종류의 생명에 대해서도 자비로운 마음을 가질 수 있다. 그것이 바로 부모의 한량없이 크고 깊은 은혜에 보답할 것을 가르치는 불교의 효행정신인 것이다.

부모친지를 떠나 모든 이웃을 가족으로 삼아야 하는 출가자에게도 역시 효행은 불교적 자각으로 승화되고 있다.

조선시대의 고승으로서 깊은 수행력과 신통력으로 유명한 진묵(震黙, 1562~1633) 조사의 효행은 매우 지극했다. 스님은 늙으신 어머니를 절 가까운 곳에 모셔다 봉양하였으며 이윽고 어머니가 돌아가시자 49재를 지낸 뒤 다음과 같이 '어머님 영전에 올리는 글[祭母文]'을 썼다.

태중(胎中)에서 열 달 동안 길러 주신 은혜를
어떻게 갚사오며
슬하에서 삼 년 간이나 길러 주신 은혜를
잊을 수 없나이다.

만세(萬歲)에 만세를 더 사셔도
자식된 마음은 오히려 부족하거늘
백 년 안에 백 년도 채우지 못하셨으니
어머님 수명은 어찌 그리 짧으십니까.

표주박 하나로 길에서 걸식하는

이 납승은 이미 그렇다고 하지만
규중의 어린 누이는
어찌 슬프지 않겠습니까.
상단불공도 마치고
하단제사도 마치니

스님들은 모두 각자 방으로 돌아가고
앞산은 첩첩하고 뒷산은 중중한데
어머니의 혼백은 어디로 가시렵니까?
오호, 슬프도다.

이처럼 생사를 초탈하고 불법의 깊은 경지를 체득한
고승이었지만 부모님의 은혜가 지중함을 누구보다도 간
절하여 잊지 못했던 것이다.

부모은중경의 역사

《불설부모은중경(佛說父母恩重經)》이라는 경명이 불교

의 경전 목록에 처음 등장한 것은 무주혁명(武周革命)을 일으킨 당(唐)의 측천무후 시대이다.

불수기사(佛授記寺)의 명전(明銓)이 무후의 칙명에 의해 천책만세원년(天册萬歲元年, 695) 10월 26일 검정한《대주간정중경목록(大周刊定衆經目錄)》권15의 위경목록(僞經目錄)에《불설부모은중경》이라는 제목이 실려 있는 것이 처음이다.

이때 이미 《부모은중경》은 부처님이 직접 설하신 경전이 아닌 후대에 이루어진 경전[僞經]으로 분류되고 있었던 것이다. 그 뒤 당(唐)의 문화가 한창 꽃피던 현종(玄宗) 개원(開元) 18년(730), 칙명에 의해 장안(長安) 서숭복사(西崇福寺)의 지승(智昇)이 편찬한《개원석교록(開元釋教錄)》권18의 위망란진부(僞妄亂眞部)에도 수록되었다.

또 돈황본(敦煌本) 부모은중경도 여러 본이 있는데《대정신수대장경》85권, 고일부(古逸部)에 수록된 돈황본《불설부모은중경》은 대영박물관 소장본 스타인(Stein) 1907호를 다른 본과 교감하여 수록한 것이다. 뿐만 아니라 돈황 막고굴에도《부모은중경》을 주제로 한 벽화 부모은중경변상도(父母恩重經變相圖)가 여러 점 그려져 있기도 하다.

우리 선조들은 이미 고려시대에 《부모은중경》을 사경(寫經)했다. 고려시대의 사경으로는 《부모은중경》 상중하 3권을 사경한 두루마리본 고려감지은자사경(高麗紺紙銀字寫經)이 있다(일본 교토의 伊藤庄兵씨 소장). 이 문헌은 상중하 3권으로 구성되어 있지만 사실은 3종의 부모은중경 이본(異本)을 집성하고 있는 귀중한 문헌이다. 어쩌면 우리나라의 가장 오랜 《부모은중경》의 필사본일지도 모를 보물이 일본 땅에 수탈되어 가 있는 것이다(禿氏祐祥 《父母恩重經의 異本》 참조).

조선시대에 들어 《부모은중경》은 대중의 경전으로 더욱 각광받아 절에서는 앞다투어 이 경전을 우리말로 번역하고 판각하여 보급했다. 시대순에 따라 대표적인 세 가지를 들어 보기로 한다.

① 불설대보부모은중경 1권, 현종 9년(1668), 경상도 개령 백마산 고방사 간.

② 부모은중경 1권, 숙종 13년(1687), 경상도 천보산 불암사 간.

③ 부모은중경 1권, 정조 20년(1796), 경기도 도화산 용주사 간.

특히 용주사본《부모은중경》은 조선시대의 탁월한 화가로 손꼽히는 단원 김홍도(金弘道, 1760~?)의 그림을 싣고 있어서 매우 아름다운 판본이다. 이후《부모은중경》은 계속 출간되어 한국불교의 일상 경전이 되었다.

눈앞의 금전적·이기적인 가치가 우선되는 현대 사회는 인간이 가져야 할 최소한의 윤리 기준마저 파괴되고 있다.

우리는《부모은중경》의 마음으로 돌아가 귀중한 생명을 주시고 깊은 애정으로 길러 주신 부모님과 친지들의 은혜에 다시 한번 눈 뜨기로 하자. 그것이 자식에 대한 슬픔을 항상 가슴에 담고 사시는 모든 어버이의 은혜에 보답하는 첫걸음일 것이기 때문이다.

부모은중경 역주(譯註)

•

1) 나는 이와 같이 들었다 : 부처님의 십대제자 가운데 아난존자는 부처님을 항상 곁에서 모시고 부처님의 말씀을 가장 많이 듣고 기억하는 다문제일(多聞第一)이라고 불린다. 따라서 "나는 이와 같이 들었다[如是我聞]"라는 경전의 첫 구절은 아난존자가 부처님께 직접 들었음을 증명하여 의심을 없애주는 첫마디라고 한다.

2) 사위국(舍衛國, 범어 Śrāvastī) : 부처님이 계시던 나라 이름. 이곳의 국왕 파사익은 부처님께 귀의하여 선정을 베풀었다고 전해진다.

3) 왕사성(王舍城) : 고대 인도의 중부 마가다국의 수도. 법화경이 이곳에서 설해졌다.

4) 기수급고독원(祇樹給孤獨園) : 기원정사라고도 함. 부처님께 귀의한 신도 급고독 장자가 제타 태자의 땅을 사서 승단에 절을 지어 올리고자 하였으나, 급고독 장자의 신심에 감복한 제타 태자가 땅을 희사하여 건립한 절. 급고독 장자는 항상 빈궁한 사람들에게 먹을 것을 보시하였으므로 '고독한 사람들을 돕는(급고독)' 장자라고 불린다.

5) 보살(菩薩, 범어 Bodhisattva) : 깨달음을 구하는 사람, 큰마음을 가진 사람이라는 뜻. "위로는 부처님의 진리를 구하고 아래로는 중생을 돕는다[上求菩提 下化衆生]"는 서원을 수행하는 대승불교의 구도자.

6) 마하살(摩訶薩, Mahāsattva) : '마하'는 큰, 거룩한, 위대한, '살'은 유정(有情)을 뜻하는 삿트바의 음역. 진리를 구하는 큰 마음을 가진 구도자라는 뜻. 보살과 같다.

7) 아난(阿難, Ānanda) : 부처님의 종제(從弟)로서 십대제자 중의 한 사람. 부처님께서 성도하신 밤에 태어났다. 부처님 나이 55세, 아난의 나이 25세 되던 해에 출가하여 25년간 부처님을 모셨다. 기억력이 매우 뛰어나서 부처님께서 말씀하신 것은 모두 암기하고 부처님의 입적 후 제1결집에서 부처님의 말씀하신 바를 외워 냈으므로 다문제일(多聞第一)이라고 불린다.

8) 삼계(三界) : 중생들이 살아가는 세계를 그 특성에 따라 욕계(欲界), 색계(色界), 무색계(無色界)로 나눈 것. 욕계는 정욕과 식욕을 가진 중생들의 세계. 색계는 앞의 두 가지 욕망은 버렸으나 아직 물질의 제약을 받는 중생들이 사는 세계. 무색계는 욕망이나 물질의 제약을 받지 않는 세계.

9) 사생(四生) : 생명이 태어나는 방식에 따라 네 가지로 분류한 것. 즉 태로 태어나는 것[胎生], 알로 태어나는 것[卵生], 습기에 의해 태어나는 것[濕生], 화학적 또는 변화하여 태어나는 것[化生]의 네 가지로 생성되는 생명의 형태.

10) 가람(伽藍, Saṃghārāma) : 승가람(僧伽藍)의 약칭. 중원(衆園)이라고 옮김. 절의 또 다른 말.

11) 삼보(三寶) : 불교의 삼대 요체(要體)인 불법승(佛法僧)을 세 가지 보물에 비유한 말. 불교신자가 신앙의 중심인 삼보에 귀의하는 것을 삼귀의(三歸依)라고 한다. 우리나라의 일상법회에서 부

르는 삼귀의는 다음과 같다.

지혜와 복덕이 구족하신 부처님께 귀의합니다.[歸依佛兩足尊]

모든 욕심을 떠난 부처님의 가르침에 귀의합니다.[歸依法離欲尊]

중생 가운데 존귀하신 스님네께 귀의합니다.[歸依僧衆中尊]

12) 생장(生藏) : 염통, 간(肝), 비(脾), 폐(肺).

13) 숙장(熟藏) : 위장과 신장(腎臟).

14) 오역죄(五逆罪) : 무간지옥에 떨어질 다섯 가지 큰 죄. 즉 부친을 살해하고, 모친을 살해하며, 아라한을 해치고, 부처님 몸에 피를 내며, 화합승단을 파괴하는 죄악.

15) 범음(梵音) : 맑고 우렁찬 부처님의 음성. 《법화경》〈서품〉에 '부처님의 범음은 미묘하여 사람들이 즐겨 듣는다'라는 구절이 있다.

16) 겁(劫, Kalpa) : 가장 긴 시간의 단위. 우주가 존속되고 파괴되어 없어지는 하나하나의 기간, 즉 우주가 생성되는 성겁(成劫), 우주가 존속되는 주겁(住劫), 우주가 무너지는 괴겁(壞劫), 우주가 소멸되어 존재하지 않는 공겁(空劫). 이 성주괴공이 진행되는 한 주기의 겁을 대겁(大劫)이라고 한다.

겁의 기나긴 시간을 비유로서 천녀가 백 년에 한 번씩 사방 사십 리의 돌산을 문질러 다 닳아 없어지는 때를 일겁이라고 한다는 이야기가 있다.

17) 재계(齋戒) : 식사와 행동을 삼가고 몸과 마음을 청정히 하는 것. 재계에는 팔관재계(八關齋戒)가 있는데 팔관재계란 재가오계를 수지하는 신자가 매년 삼장재월(三長齋月 : 1월, 5월, 9월)의

육재일(六齋日 : 8일, 14일, 15일, 24일, 29일, 30일)에 지켜야 하는 여덟 가지 계율이다. 즉 ① 살아 있는 목숨을 해치지 말라 ② 훔치지 말라 ③ 사음하지 말라 ④ 거짓을 말하지 말라 ⑤ 술을 마시지 말라 ⑥ 때 아닌 때 먹지 말라 ⑦ 가무를 하거나 듣고 보지 말며 향수를 바르지 말라 ⑧ 높고 큰 평상에 앉지 말라.

18) 보시(布施) : 타인에게 아무런 조건 없이 베푸는 것. 보시에는 물질로 베푸는 재시(財施)와 진리의 말씀을 전하는 법시(法施), 두려움과 근심을 함께 하고 없애 주는 무외시(無畏施)가 있다. 육바라밀(六波羅蜜) 중의 하나.

19) 보리심(菩提心) : 보살이 먼저 발해야 하는 마음. 보리는 범어 보리(Bodhi)의 음사로서 깨달음, 도(道), 진리라고 옮긴다. 즉 지금까지 세간적인 것에만 몰두하고 있던 자기존재, 마음의 깨달음의 실현, 불도(佛道)의 실천으로 돌리는 것.

20) 오계(五戒) : 재가신자가 수지해야 할 다섯 가지 계율. ① 살아 있는 뭇 목숨을 해치지 말라[不殺生] ② 남의 것을 훔치거나 빼앗지 말라[不偸盜] ③ 사음하지 말라[不邪淫] ④ 거짓을 말하지 말라[不妄語] ⑤ 술을 먹지 말라[不飮酒].

21) 천상(天上) : 욕계의 육욕천(六欲天)과 색계(色界), 무색계(無色界)의 여러 세계. 괴로움은 없고 즐거움만 있으나 선업이 다하면 다시 인간이나 아귀, 지옥 등의 육도(六道)에 윤회해야 한다고 함.

22) 지옥(地獄, Naraka) : 나락가(那落迦)라고 음사함. 즐거움은 없고 괴로움만 극심한 곳. 죄업을 지은 중생이 그 죄업의 성질에 따

라 떨어져서 온갖 괴로움을 받는다고 한다. 지옥에는 여덟 종류의 뜨거운 큰 지옥[八大熱地獄]과 이 속에 16 별처지옥(別處地獄)이 있으며 또한 여덟 종류의 추운 지옥[八寒地獄]과 그 안에 16 별처지옥이 있다고 한다. 죄업이 무거운 중생은 한 지옥에서 형벌이 끝나면 계속 다른 지옥으로 옮겨 다니면서 끝없는 고통을 받아야 된다고 한다.

23) 무간지옥(無間地獄) : 팔열지옥 중 가장 고통이 극심한 지옥. 아비지옥이라고도 한다. 오역죄를 저지른 중생들이 이 지옥에 떨어지는데 이 지옥에서는 몸으로부터 화염이 나와 일 겁 동안 끊임없는 괴로움을 받는다고 한다.

24) 유순(由旬, Yojana) : 고대 인도의 제왕이 하루 행차하는 거리. 30리 혹은 40리라고 한다.

25) 아수라(阿修羅, Asura) : 불법을 수호하는 여덟 부류의 신중. 즉 팔부신중(八部神衆)의 하나로서 항상 제석천과 싸우는 투쟁적인 악신(惡神)이다. 전투를 일삼는다고 한다. 그러나 불법을 수호하기로 서원한 신이기도 하며 선악을 모두 갖추고 있어서 그 성격이 복잡하다고 함.

26) 가루라(迦樓羅, Garuḍa) : 금시조(金翅鳥)라고도 함. 매우 사나운 새로 용을 잡아먹고 산다고 함.

27) 마후라가(摩睺羅迦, Mahoraga) : 팔부신중의 하나. 몸은 사람과 같고 머리는 뱀과 같다고 하며 용의 머리에 속하는 악신으로 묘신(廟神)이라고 함.

28) 인비인(人非人) : 사람과 사람 아닌 것. 여기서는 부처님의 법회

효행의 경전

에 모인 대중을 천룡팔부(天龍八部)와 인간을 가려서 부른 호칭이다.

29) 천(天, Deva): 공덕이 있어서 육욕천(六欲天)에 태어나 몸에서 빛을 발하며 오직 즐거움만을 누리는 신적인 존재들. 그러나 선근의 공덕이 다하면 다시 육도에 윤회해야 한다고 함.

30) 용(龍, Nāga): 팔부신중의 하나.

31) 야차(夜叉, Yakṣa): 팔부신중의 하나. 비사문천(毘沙門天)의 권속으로서 북방을 수호한다고 함. 사람을 해치고 잡아먹는 악귀였다고도 함.

32) 건달바(乾闥婆, Gandharva): 제석천의 음악을 관장하는 신으로 향기만을 먹고 산다고 한다.

33) 전륜성왕(轉輪聖王, Cakravartin): 정의로써 천하를 통치한다는 고대 인도의 이상적인 제왕.

목련경
(目連經)

제1장
청제부인의 악행
—

옛날 왕사성에 한 장자(長者)¹⁾가 있었으니 그의 이름
은 부상(傅相)이라 했다.

그는 큰 부자여서 낙타, 코끼리, 말이 산과 들을 덮을
만큼 많았으며 창고에는 비단과 진주가 가득하였을 뿐
만 아니라 여러 사람들에게 빌려준 것도 헤아릴 수 없이
많았다.

그는 언제나 웃음을 머금고 말했으며 인정을 거슬림
이 없어서 항상 육바라밀(六波羅蜜)²⁾을 닦았다.

어느 날 그는 갑자기 병이 들어 죽고 말았다.

그들 부부에게는 아들이 하나 있었는데 그 이름은 나

복(羅卜)이었다. 나복은 아버지의 장례를 치르고 삼 년 동안의 복(服)³⁾을 벗고 나서 어머니께 여쭈었다.

"아버님이 계실 때에는 돈과 재물이 한없이 많았습니다만 지금은 창고가 비게 되었습니다. 바라건대 저는 돈을 가지고 외국에 가서 장사를 하고자 합니다."

그리하여 하인 익리(益利)에게 창고의 돈을 가져오게 하여 계산해 보니 삼천 관의 돈이 남아 있었다.

이를 셋으로 나누어 천 관은 어머님께 드려 집안 일을 보전케 하고 또 천 관도 어머님께 드려 삼보(三寶)⁴⁾를 공양하며 매일 백 명의 스님께 공양을 올리도록 하였다. 나머지 천 관은 자신이 가지고 금지국(金地國)에 가서 여러 가지 장사를 했다.

어머니는 아들이 떠난 후 모든 하인들을 불러 놓고 말했다.

"너희들은 모두 잘 들어라. 우리집은 큰 부자이다. 만약 스님들이 우리집에 와서 교화를 펴려고 하면 몽둥이로 쳐서 목숨이 남아 있지 않도록 하여라."

그리고 그 어머니는 아들이 삼보를 공양하라고 준 돈

으로 돼지, 양, 거위, 오리, 닭, 개를 널리 사들여서 배불리 먹여 살찌운 후, 양은 기둥에 매어 피를 받고, 돼지는 묶어 놓고 몽둥이로 때리니 슬픈 울음소리가 그치지 않았다.

부인은 여러 짐승들의 배를 갈라 꺼내 귀신에게 제사지내는 것을 즐거움으로 누리고 있었다.

아들 나복은 일천 관을 가지고 외국에 간 지 3년 만에 본국으로 돌아왔다. 집에서 사십 리 떨어진 곳에 도착하여 성 서쪽의 버드나무 밑에서 잠시 쉬면서, 하인 익리에게 집으로 먼저 돌아가 어머니께 말씀드리도록 했다.

"만일 착한 인연을 지으셨다면 내가 이 돈을 가지고 집으로 돌아가 어머니께 공양을 드리겠고 또 만일 악업을 지으셨다면 나는 이 돈으로 어머니를 위해서 널리 보시하는 데 쓰겠다."

익리가 집으로 오는 것을 보자 하인 금지(金支)가 멀리서 보고 청제부인에게 달려가서 말했다.

"지금 서방님께서 돌아오시고 계십니다."

청제부인이 물었다.

"네가 어떻게 내 아들이 돌아오는 것을 아느냐?"

"익리가 돌아오고 있는 것을 보고 서방님께서 돌아오신다는 것을 알았습니다."

부인이 금지에게 말했다.

"너는 즉시 나가서 문을 닫아 걸고 익리가 들어오지 못하게 하라. 내가 곧 창고에 들어가 당번(幢幡)[5]을 꺼내어 후원에 늘어 놓고 삼보께 공양을 올린 모양을 꾸며 놓거든 그때를 기다려 문을 열고 익리가 들어오도록 하여라."

이윽고 익리가 집에 들어오자 부인은 말했다.

"나는 너와 내 아들이 함께 떠난 이후 집에서 날마다 오백승재(五百僧齋)[6]를 지냈다. 만약 믿을 수 없거든 후원 불당(佛堂)으로 가서 내가 재를 올린 것을 보아라."

익리가 후원 불당에 가 보니 수저는 이리저리 흩어져 있고 향불의 연기는 아직도 타오르고 있었으며 사발과 대접들은 아직도 설거지가 안 된 채로 쌓여 있었다. 익리는 급히 나복에게 달려가 말했다.

"마님께서는 참으로 훌륭하십니다. 마님께서는 날마다 오백승재를 올리고 계셨습니다."

나복이 익리에게 물었다.

"그대가 그것을 어찌 아는가?"

"제가 집에 돌아가 보니 수저가 이리저리 흩어져 있고 향을 사른 연기는 아직도 자욱하고 스님들도 방금 떠나신 듯 그릇들의 설거지도 아직 끝나지 않고 있었습니다."

나복은 이 말을 듣고 부끄러운 생각이 들었다.

"나는 여기서 멀리 어머니를 향해 일천 배의 절을 하리라."

나복은 집을 향해 일천 배의 절을 하고 있었다.

이때 동·서 마을의 이웃과 친척들이 나복이 돌아왔다는 소식을 듣고 그를 환영하기 위해서 성문 밖까지 나왔다. 그들은 나복이 열심히 절을 하고 있는 것을 보고 물었다.

"지금 이곳에는 부처님도 안 계시고 스님도 안 보이는데 무슨 절을 그렇게 하는가?"

나복이 대답했다.

"나는 어머님께 부끄럽습니다. 어머니께서는 집에 계시면서 삼보를 공경하고 매일 오백승재를 지냈다고 합니다."

이 말을 들은 이웃 사람들이 말했다.

"그대의 어머니는 그대가 집을 떠난 후 집에 스님들이 오면 몽둥이로 때려서 쫓았다. 또 공양을 올리라는 돈으로 돼지와 양, 거위, 오리, 닭, 개를 사서 잘 먹여 살찌게 한 다음 양은 기둥에 매달아 피를 흘리게 하여 동이에 받았고, 돼지는 묶어 때리고 끓는 물로 튀기니, 그 비명 소리가 사방을 진동하였을 뿐만 아니라 짐승의 배를 갈라 간을 꺼내어 귀신에게 제사를 지내는 것으로 환락을 삼았다네."

나복은 이 말을 듣고 몸을 일으켜 땅에 부딪치니 온몸에서 피가 흐르고 마침내 기절하여 오랫동안 깨어나지 못했다.

어머니는 아들이 왔다는 소식을 듣고 성 밖으로 그를 맞으러 왔다. 아들이 땅에 쓰러져 일어나지 못하는 것을 보고 아들의 손을 잡고 말했다.

"아들아, 내가 맹세하는 말을 들어 보아라. 강물이 저렇게 넓고 커도 그 위에 출렁이는 파도가 있는 것처럼, 사람을 성공케 하는 사람은 적고 실패하게 만드는 사람은 많다. 만약 네가 집을 떠난 뒤로 너를 위하여 삼보께 오백승재를 지내지 않았다면 지금 내가 집으로 돌아가는 즉시 중병을 얻어 7일을 넘기지 못하고 죽어서 아비대지옥(阿鼻大地獄)⁷⁾에 떨어질 것이다."

나복은 어머니의 맹세가 너무 진실함을 믿고 일어나 집으로 돌아갔다. 어머니는 집으로 돌아오자마자 중병에 걸려 칠 일 만에 죽고 말았다.

나복은 어머니의 장례를 치른 후 산소에 초암을 짓고 삼 년 동안 고행을 닦았다. 낮에는 삼태기로 흙을 담아다가 어머니의 무덤에 흙을 더하고 밤에는 대승경전을 읽으니 그 소리가 끊이지 않았다. 나복의 효성이 지극하여 아홉 가지 빛이 나는 사슴이 무덤 앞을 지나가기도 하고, 흰 학이 나타나 상서로움을 나타내며, 자오(慈烏, 까마귀)⁸⁾는 두 눈에서 피가 흐르기도 했으며, 여러 가지 새들이 흙을 물어다가 무덤 만드는 일을 돕기도 했다.

나복은 새들이 흙을 물어 오는 것을 보고 기뻐하여 사람을 불러다가 불상을 조성하고 삼 년 동안 공양하다가 복(服)을 마치고 어머니의 무덤에 하직인사를 한 후 떠났다.

제2장

목련의 지옥순례

—

나복은 그 길로 기사굴산(耆闍崛山)[9]으로 가서 세존 (世尊)[10]을 뵙고 말씀을 올렸다.

"부처님이시여, 저는 부모가 이미 다 돌아가시고 복 (服) 입기를 마쳤습니다. 이제 부처님의 가르침을 따라 출가하고자 하옵니다. 어떠한 공덕이 있어야 하겠습니 까?"

세존께서 말씀하셨다.

"나복이여, 잘 왔도다. 만약 남염부제(南閻浮提)[11]에서 한 사람의 남자, 한 사람의 여자가 부처님의 가르침을 따라 출가하도록 인도하는 것은, 팔만사천의 부도(浮屠)[12]

와 보탑을 조성하는 것보다도 훌륭하다. 이로써 이 세상에 살아 있는 부모는 백 년 동안 복락을 누리며 칠대를 거슬러 올라간 조상까지도 마땅히 정토에 태어날진대 하물며 그대는 스스로 보리심을 발하였구나."

부처님은 곧 아난에게 명하여 나복의 머리와 수염을 깎게 하고 몸소 머리를 만져 수기(授記)[13]를 하시고 이름을 고쳐 대목건련(大目犍連)[14]이라 부르시고 나의 십대제자 가운데 신통이 제일이었다고 말씀하셨다.

목련이 부처님께 여쭈었다.

"세존이시여, 보탑(寶塔)을 넓고 크게 세운다면 어떠한 공덕이 있습니까?"

부처님께서 말씀하셨다.

"목련이여, 보탑이 높고 크며 처마와 처마가 맞닿아서 범천까지 통할지라도 백 년 후에 부처님 얼굴에 비가 새게 되면 당장 죄를 얻게 되지만, 출가의 공덕은 금강(金剛)과 같이 무너지지 않는 몸을 얻게 되느니라."

목련이 다시 부처님께 여쭈었다.

"저는 지금 부처님께 하직인사를 드리고 산에 들어가서 도를 닦고자 합니다."

"목련이여, 그대가 도를 닦고자 할진대 다른 곳에 가지 말고 나를 따라 기사굴산에서 도를 닦도록 함이 어떤가?"

"부처님이시여, 산 속에 무슨 양식이 있어서 도를 배울 수 있겠습니까?"

"목련이여, 산 속에는 호랑이와 새들이 있어서 매일 향기나는 과일을 물어다 공양해 주느니라."

목련이 이 말씀을 듣고 나서 발우를 던져 공중에 솟아 올라 기사굴산의 빈발라암으로 갔다.

목련은 왼쪽 다리로 오른쪽 다리를 누르고 오른쪽 다리로 왼쪽 다리를 누르며 혀를 입천장에 받치고 삼십삼천을 관하다가 그의 아버지가 화락천궁(化樂天宮)[15]에서 하늘의 복을 누리고 있음을 보았으나 어머니는 보이지 않았다.

목련은 돌아와서 부처님께 여쭈었다.

"부처님이시여, 제 어머니는 세상에 계실 때 저에게 말씀하시기를 날마다 오백승재를 올렸다고 하셨습니다. 그렇다면 마땅히 화락천궁에 태어나셨을 것인데 천궁에는 어머니가 보이지 않습니다. 지금 어머니는 어디에 계시옵니까?"

부처님께서 목련에게 말씀하셨다.

"목련이여, 그대의 어머니는 세상에 있을 때 삼보를 공양하지 않고 욕심을 부렸으며 수미산만큼이나 많은 악업을 쌓았기 때문에 죽어서 지옥에 떨어졌느니라."

목련은 이 말을 듣고 땅에 몸을 던지며 슬피 울다가 일어나 여러 지옥으로 돌아다니며 어머니를 찾기 시작했다.

목련이 한 곳의 지옥을 보니 남염부제의 중생들이 큰 방아에 찧여 몸이 천 토막으로 끊겨지며 피와 가죽이 어지럽게 흩어져서 하루에 만 번 죽고 만 번 살아나곤 했다.

목련이 슬퍼하면서 옥주(獄主)에게 물었다.

"이 지옥에 있는 중생들은 전생에 무슨 죄를 지어서 이러한 괴로움을 받는가?"

옥주(獄主)가 말했다.

"이들은 모두 남염부제의 사람으로서 생전에 많은 중생들을 잘라 죽이고 남녀들이 함께 모여 앉아 그 음식을 먹으면서 입으로는 그 맛이 좋다고 떠들고 즐기다가, 이제 지옥에 떨어져서 그 죄업을 달게 받고 있는 것입니다."

목련이 다시 검수지옥(劍樹地獄)[16]에 이르러 보니 남염부제의 중생들이 칼이 돋아 있는 나무 끝에 매달려 손으로 칼 나무를 붙잡으니 온 몸이 모두 갈라지고 또 발로 칼날을 밟으니 사지가 모두 갈라졌다.

목련은 슬퍼하며 옥주에게 물었다.

"이 지옥에 있는 중생들은 전생에 무슨 죄업을 지었기에 이러한 괴로움을 받고 있는가?"

옥주가 말했다.

"이곳은 남염부제의 중생들이 인과를 믿지 않고 갖가지 중생들을 꼬챙이에 꿰어 구워서 남녀가 모여 함께 앉아 먹으면서 맛있다고 소리치다가 이제 지옥의 수중에 떨어져서 그 죄업을 달게 받고 있는 것입니다."

효행의 경전

목련이 다시 한 지옥에 이르러 보니 그곳은 석개지옥(石蓋地獄)[17]이었다. 두 덩어리의 큰 돌이 모든 죄인들을 갈아서 피와 살덩이가 흩어지고 있었다.

목련은 슬퍼하며 옥주에게 물었다.

"이 지옥에 있는 중생들은 전생에 무슨 죄업을 지었기에 이러한 괴로움을 받고 있는가?"

옥주(獄主)가 말했다.

"이곳은 개미와 벌레들을 많이 죽인 남염부제의 중생들이 이 지옥의 수중에 떨어져 그 죄업을 달게 받고 있는 것입니다."

목련은 다시 앞으로 나아가다가 한 무리의 아귀(餓鬼)[18]를 보았다.

그들의 머리는 태산만큼이나 크고 배는 수미산처럼 불렀다. 그러나 목구멍은 바늘구멍처럼 가늘었다.

그들이 걸을 때마다 오백 대의 수레가 구르는 것 같은 소리가 났다.

목련은 그 아귀들에게 물었다.

"그대들은 전생에 무슨 죄를 지었는가?"

아귀가 대답했다.

"저는 전생에 죽은 사람을 위해서 재를 올리는 것을 하지 못하게 하고 삼보를 공경하지 않았습니다. 그 때문에 여러 겁 동안 좁쌀조차도 못 먹고 굶주림과 목마름에 시달리고 있습니다."

목련이 다시 회하지옥(灰河地獄)[19]에 이르러서 보니 셀 수 없이 많은 남염부제의 중생들이 잿물 속에서 밀려다니고 있었는데 온 몸이 데어서 타 들어가고 있었다.

그 중생들이 동쪽 문이 열린 것을 보고 동쪽 문으로 헤엄쳐 가면 문득 동쪽 문이 닫히고, 서쪽 문이 열린 것을 보고 서쪽 문으로 헤엄쳐 가면 문득 서쪽 문이 닫혔다.

다시 남쪽 문이 열린 것을 보고 남쪽 문으로 헤엄쳐 가면 문득 남쪽 문이 닫히고, 북쪽 문이 열린 것을 보고 북쪽 문으로 헤엄쳐 가면 문득 북쪽 문이 닫혔다.

이렇게 물결을 따라 표류하면서도 잠시도 쉬지 못했다.

목련이 슬퍼하면서 옥주에게 물었다.

"이 지옥의 중생들은 전생에 무슨 죄를 지었기에 이와 같은 고통을 받고 있는가?"

옥주가 대답했다.

"이 지옥의 중생들은 전생에 달걀을 많이 삶아 먹었기 때문에 그 과보로 고통을 달게 받고 있는 것입니다."

목련이 다시 한 지옥에 이르러 보니 그곳은 확탕지옥(鑊湯地獄)[20]이었다. 남염부제의 중생들이 펄펄 끓고 있는 물 속에 들어가 고통받고 있었다.

목련이 슬퍼하며 옥주에게 물었다.

"이 지옥의 중생들은 전생에 무슨 죄를 지었기에 이와 같은 고통을 받고 있는가?"

옥주가 대답했다.

"이 지옥의 중생들은 남염부제의 중생들로서 삼보를 공경하지 않았을 뿐 아니라 큰 부잣집에 태어나서 뭇 생명 있는 목숨들을 삶아 먹었기 때문에 지금 지옥의 수중에 떨어져 그 죄업의 고통을 달게 받고 있는 것입니다."

목련이 다시 한 지옥에 이르러 보니 그곳은 화분지옥

(火盆地獄)²¹⁾이었다. 이 지옥의 중생들은 머리에 불이 가득 담긴 동이를 이고 두개골의 백 마디에 불이 활활 타오르고 있었다.

목련은 슬퍼하며 옥주에게 물었다.

"이 지옥의 중생들은 전생에 무슨 죄를 지었기에 이와 같은 고통을 받고 있는가?"

옥주가 대답했다.

"이곳의 남염부제 중생들은 생전에 짐승들의 골수를 많이 먹었기 때문에 그 과보를 달게 받고 있는 것입니다."

목련은 크게 소리를 내어 어머니를 부르며 말했다.

"어머니께서 살아 계실 때 저에게 말씀하시기를, 날마다 오백승재를 열고 꽃과 음식을 정중하게 공양하지 않은 적이 없다고 하셨으니, 돌아가셔서는 마땅히 화락천궁에 태어나셔야 할 것입니다.

그러나 어찌하여 천궁에도 보이지 않고 지옥에라도 계신다면 만나야 할 텐데 지옥에도 보이지 않으십니까?"

이때 지옥 속에 있던 팔만사천 명의 우두옥졸(牛頭獄

쭈)[22]들이 서로 쳐다보면서 말했다.

"문 앞에 산 사람의 소리가 나는 것을 보니 이는 반드시 남염부제에서 새로 죄인들을 보내온 것이다. 내가 쇠창을 가지고 나가서 가슴을 찔러 잡아오리라."

지옥문 앞에 있던 목련은 문득 깨달음이 있어 좌선 삼매에 들어 있었다. 옥주가 몇 번이나 소리쳐서 부르자 선정에서 깨어났다.

"스님은 누구이기에 우리 지옥문 앞에 와 있는 것입니까?"

목련이 대답했다.

"저에게 화내지 마시오. 제가 여기에 온 까닭은 우리 어머니를 찾기 위한 것입니다."

옥주가 다시 물었다.

"누가 그대의 어머니가 이곳에 있다고 말했습니까?"

"석가모니 부처님께서 우리 어머니가 이곳에 계신다고 하셨습니다."

"그렇다면 석가모니 부처님과 스님은 무슨 관계이십니까?"

목련이 대답했다.

"그분은 우리 스승이시며 나는 그분의 제자 대목건련입니다."

옥졸이 이 말을 듣고 철창을 내던지며 예배하면서 말했다.

"참으로 훌륭한 일입니다. 저는 오늘 석가모니 부처님의 가르침을 받는 제자의 얼굴을 보게 되었습니다. 스님의 어머니는 성이 무엇입니까? 내가 스님을 위해서 옥중에 있는 죄인들의 명부를 찾아보겠습니다."

옥졸이 들어가 명단을 살펴보았으나 목련의 어머니 이름이 없었다.

옥졸은 다시 목련에게 말했다.

"방금 옥중에 가서 죄인들의 명단을 살펴보았으나 그런 이름은 없습니다. 이 앞에 아비지옥이 있으니 그곳으로 가보십시오."

목련이 다시 앞으로 가다 보니 커다란 지옥이 있었다.

담의 높이는 만 길이나 되고 검은 벽이 만 겹이나 둘러쳐져 있었다. 철망으로 지붕을 덮었고 그 위에는 네 마

효행의 경전

리의 큰 구리 개가 있어서 입으로 항상 뜨거운 불길을 토하고 그 화염이 하늘로 무럭무럭 타오르고 있었다.

목련은 그 지옥의 문 앞에 가서 소리를 질러 천 번이나 불러 보았어도 아무런 대답이 없었다.

목련은 다시 돌아가 옥졸에게 말했다.

"앞에 큰 지옥이 있습니다만 담의 높이가 만 길이며 검은 벽이 만 겹으로 둘러쳐져 있고 지붕은 철망으로 씌워져 있었습니다. 그리고 아무리 소리를 질러도 대답하는 이가 없습니다."

옥졸이 대답했다.

"그것은 스님의 법력이 부족한 탓입니다. 그 문이 열리게 하려면 부처님께 물어 보아야만 합니다. 그 밖에 다른 도리가 없습니다."

목련은 이 말을 듣자마자 발우를 던지고 하늘로 솟아올라 부처님 계신 곳으로 갔다.

그는 부처님께 문안드리고 나서 물었다.

"세존이시여, 제가 큰 지옥에 가서 보니 담의 높이가 만 길이나 되고 검은 벽이 만 겹이나 되었습니다. 제가 아무리 소리를 질러도 대답하는 이가 없습니다."

부처님께서 목련에게 말했다.

"그대가 나의 열두 고리가 달린 석장(錫杖)[23]을 짚고 나의 가사(袈裟)[24]를 입고, 내 발우를 들고 그 지옥문 앞에 가서 주장자를 세 번 흔들면 옥문이 저절로 열리고 자물쇠가 저절로 떨어지며 옥중에 있는 모든 중생들이 내가 짚던 주장자 소리를 듣고 잠시의 휴식을 얻을 것이다."

목련이 부처님의 가사를 받아서 입고 손에는 부처님의 주장자를 짚고 지옥문 앞에 이르러 주장자의 고리를 세 번 흔들어 소리를 냈다. 소리가 나자 지옥문이 저절로 열리고 자물쇠도 저절로 떨어졌다.

목련이 아비지옥 속으로 들어가자 옥졸들이 막으며 말했다.

"스님은 누구시기에 마음대로 이 문을 열었습니까? 이 문은 여러 겁 동안 열리지 않던 문입니다."

목련이 옥주에게 물었다.

"문을 열지 않는다면 죄인은 어느 곳으로 들어옵니

까?"

옥주가 말했다.

"남염부제 중생들은 불효를 많이 행하며 오역죄(五逆罪)[25]를 수없이 범하고 삼보를 공경하지 않았기 때문에 명이 다한 후에는 업의 바람[業風]에 불려와서 거꾸로 떨어져 내렸을 뿐 문으로는 들어오지 못합니다."

옥주가 다시 물었다.

"스님은 이곳에 무슨 일로 오셨습니까?"

"내가 특별히 이곳에 온 이유는 우리 어머니를 찾기 위한 것입니다."

"누가 스님의 어머니가 이곳에 왔다고 했습니까?"

"석가모니 부처님께서 우리 어머니가 이곳에 계신다고 하셨습니다."

"석가모니 부처님과 스님은 무슨 관계입니까?"

"바로 나의 스승이십니다."

"스님의 어머니 이름은 어떻게 됩니까? 내가 안으로 들어가 명단을 살펴보겠습니다."

목련이 대답했다.

"왕사성에 살던 부상장자의 부인 청제부인으로서 이름은 유제사(劉第四)입니다."

옥주는 지옥으로 들어가 큰 목소리로 외쳤다.

"왕사성에 살던 청제부인 유제사여! 문 앞에 부처님의 제자로서 법명이 대목건련이라는 아들이 와 있다. 그는 부처님의 제자로서 불가사의한 신통력이 있으니 만일 그 스님이 당신 아들이라면 오래지 않아 지옥에서 벗어날 수가 있을 것이다."

제3장

지옥에서 어머니를 만나다
—

옥주가 다시 큰 소리로 외쳤다.

"왕사성에 살던 청제부인이여! 왜 대답을 하지 않는가?"

그때 비로소 죄인이 대답했다.

"옥주께서 저를 불러 다시 더 고통이 심한 곳으로 옮길 것이 두려워서 감히 대답을 하지 못했습니다. 죄인에게는 한 아들이 있었습니다만, 스님이 된 적도 없고 이름도 대목건련이 아닙니다."

옥주가 다시 밖으로 나와서 목련에게 말했다.

"청제부인이라고 하는 사람은 있습니다만, 아들이 스

님이 된 적도 없고 이름도 대목건련이 아니라고 합니다."

목련이 말했다.

"옥주께서는 대자대비한 마음으로 제 어머니가 자식을 알아보지 못하리라는 것을 믿어 주십시오. 부모가 살아 계실 때 내 이름은 나복이었으며 부모가 돌아가신 뒤 저는 부처님께 나아가 스님이 되어 불도를 깨닫고 이름을 대목건련이라고 고쳤습니다."

옥주가 다시 목련에게 물었다.

"그렇다면 오늘 어머니를 만나게 해 주면 장차 무엇으로 우리의 은혜를 갚겠습니까?"

"오늘 어머니를 만나게 해 주신다면 여러 보살들을 모셔다가 대승경전의 법문을 설하여 옥주의 은혜를 갚도록 하겠습니다."

옥주는 지옥으로 다시 들어가 청제부인에게 말했다.

"기뻐하라. 문 앞에 찾아온 사람은 바로 나복이다."

청제부인이 말했다.

"나복이라면 바로 제가 이 작은 뱃속에 품었던 자식입니다."

이때 옥주가 쇠창으로 죄인을 찔러 일으켜 세우고 못을 박아 땅에 쓰러지게 하자 온 몸의 털구멍에서 피가 흘렀다. 옥주는 다시 쇠칼을 씌우고 칼로 몸을 에워싸서 끌고 나와 아들과 서로 보게 한 후 목련에게 물었다.

"어머니를 알아보겠습니까?"

"어머니를 알아보지 못하겠습니다."

옥주가 다시 말했다.

"바로 저 온 몸에 모진 불이 활활 타오르고 있는 것이 스님의 어머니입니다."

목련이 어머니를 알아보고 크게 부르짖었다.

"어머니! 어머니시여!

살아계실 때는 날마다 오백승재를 올려 향화와 음식을 모두 법답게 했다고 말씀하셨으니, 돌아가셔서는 마땅히 화락천궁에 나셔야 할 것인데, 어찌하여 천궁에 계시지 않고 지옥의 고통 속에 계십니까? 소자는 날마다 맛있는 음식이 있으면 먼저 어머니께 올렸건만 어머니의 얼굴은 어찌하여 그렇게 야위셨습니까?"

어머니가 목련을 부르며 말했다.

"나의 사랑하는 아들아! 앞으로 영원히 너를 만나보지 못할 줄 알았는데 어떻게 오늘 이 지옥문 앞에서 만나게 되었구나. 이 어미는 지옥에서 벌을 받기가 몹시 괴롭단다. 배가 고프면 밥 대신 쇠구슬을 먹이고 목이 마르면 물 대신 구리즙을 마시며 지내왔단다."

말을 채 마치기도 전에 옥졸이 와서 청제부인을 붙들어 세우고 긴 부젓가락으로 몸을 찔러 온 몸이 타 들어가게 했다. 이때 같은 지옥에 있는 모든 죄인들이 말했다.

"저 어미와 아들은 서로 만나보게 되었는데 우리는 어찌하여 그럴 기약이 없는가?"

옥주가 목련에게 말했다.

"더 이상 죄인과 오랫동안 이야기할 수 없습니다. 스님의 어머니는 다시 죄를 받을 시간입니다. 스님이 만일 어머니를 놓지 않으신다면 청제부인의 가슴을 철창으로 찔러 데려가도록 하겠습니다."

목련의 어머니는 옥주에게 끌려 지옥으로 들어가면서 소리쳐 말했다.

"내 아들아! 나는 지옥의 고통을 참기가 무척 괴롭다. 부디 나를 지옥에서 구해다오."

이때 목련의 왼발은 지옥 문지방 안에 두고 오른발은 밖에 둔 채 서 있다가 어머니가 괴로워 울부짖는 소리를 듣고 참을 수 없어서 머리를 기둥에 부딪치니 살과 피가 낭자했다.

목련이 옥주에게 말했다.

"차라리 내가 어머니를 대신해서 지옥의 고통을 달게 받고자 합니다."

옥주가 대답했다.

"스님의 어머니는 업력이 무거워서 비록 모자간이라고 할지라도 서로 대신할 수 없습니다. 만약 어머니를 지옥에서 구하고자 한다면 부처님께 고할 수밖에 다른 길이 없습니다."

목련은 이 말을 듣고 발우를 하늘로 던지고 높이 솟아올라 부처님 계신 곳으로 가서 문안을 올린 후 부처님께 여쭈었다.

"세존이시여, 저의 어머니가 지금 지옥에 떨어져 참지

못할 고통을 겪고 있습니다. 어떻게 하면 저의 어머니를 지옥에서 구할 수 있겠습니까?"

세존께서 말했다.

"목련이여, 내가 그대의 어머니를 구하겠노라. 내가 만일 그대의 어머니를 구하지 못한다면 내가 오랜 겁 동안 지옥에 들어가 그대의 어머니를 대신하여 고통을 받으리라."

이때 세존께서 모든 비구(比丘),[26] 비구니(比丘尼),[27] 우바새(優婆塞),[28] 우바이(優婆夷)[29] 등 무수한 억만 명에 둘러싸여 허공에 몸을 나투시니 그 높이가 일곱 다라수(多羅樹)[30]만 했다.

부처님이 미간에서 다섯 가지 색깔의 광명을 발하여 지옥의 어둠을 깨뜨리자 철상지옥(鐵床地獄)은 변해서 연화좌(蓮華座)가 되고, 검수지옥(劍樹地獄)은 변해서 백옥으로 만든 사다리가 되었으며, 확탕지옥(鑊湯地獄)은 변해서 부용지(芙蓉池)가 되었다.

제4장

우란분재의 구원력

—

그때 염라대왕(閻羅大王)[31]이 찬탄하여 말했다.

"참으로 거룩하도다. 이제 내가 친히 부처님께 예배하고 향을 사를 수 있겠구나! 어찌 이 세상에 부처님이 계심을 믿지 않을 수 있겠는가?"

염라대왕은 옥졸들에게 분부하여 죄갚음을 한 죄인들을 모두 풀어주고 하늘에 나게 하였다.

목련이 부처님께 여쭈었다.

"모든 죄인들은 하늘에 태어났습니다만, 저의 어머니는 어느 곳에 탁생(托生)[32]하셨습니까?"

부처님께서 목련에게 말했다.

"그대의 어머니는 생전의 죄업이 깊고 무거우며 업장이 아직 다하지 않았으므로 대지옥에서는 나왔으나 다시 소흑암지옥(小黑闇地獄)[33]에 떨어졌느니라. 여러 보살이 재를 올리고 남은 밥 한 발우를 그대에게 줄 테니 지옥으로 가서 어머니께 드리도록 하여라."

목련은 발우를 들고 지옥으로 갔다.

발우 속에 담긴 밥을 본 목련의 어머니는 탐하는 마음을 고치지 못하고 오른손으로는 사람들을 막으면서 왼손으로 밥을 움켜 먹었으나 그 밥은 변하여 모진 불덩이가 되었다.

목련이 다시 부처님께 여쭈었다.

"부처님이시여, 어떻게 하면 저의 어머니를 흑암지옥에서 구할 수 있겠습니까?"

부처님께서 말씀하셨다.

"그대의 어머니를 흑암지옥에서 벗어나게 하려면 여러 보살들을 청해다가 대승경전을 읽고 외워야만 하리라."

목련은 즉시 부처님의 가르침을 따라서 여러 보살들

을 청해다가 대승경전을 외웠다. 대승경전을 외우자 목련의 어머니는 흑암지옥에서 벗어나 다시 아귀로 태어나게 되었다.

목련이 다시 부처님께 여쭈었다.

"저의 어머니는 흑암지옥을 벗어나 어느 곳에 태어났습니까?"

부처님께서 말씀하셨다.

"지옥을 벗어나 아귀로 태어났느니라."

목련이 다시 부처님께 여쭈었다.

"어머니께서 지옥에 계신 날이 오래 되었으므로 어머니를 모시고 항하수(恒河水) 가에 가서 물을 마시게 해 드리고 배를 씻겨 드리고자 합니다."

부처님께서 말씀하셨다.

"모든 부처님이 물을 마시면 그것은 마치 향기로운 젖과 같고 스님들이 마시면 마치 단이슬 같고, 십선인(十善人)[34]이 마시면 능히 갈증을 면할 것이다. 그러나 그대의 어머니가 마시면 그 물이 뱃속으로 들어가자마자 뜨거운 불덩이로 변해서 뱃속을 모두 불태우고 말 것이다."

목련이 다시 부처님께 여쭈었다.

"그렇다면 어떻게 해야 저의 어머니가 아귀의 과보를 면할 수 있겠습니까?"

부처님께서 말씀하셨다.

"여러 보살들을 청하여 마흔아홉 개의 등(燈)을 켜며 뭇 산목숨을 놓아 주고 당번(幢幡)을 만들어 장엄하면 그대의 어머니는 아귀의 과보에서 벗어날 수 있을 것이다."

목련은 곧 부처님의 가르침을 따라 여러 보살들을 청하여 마흔아홉 개의 등을 켜고 뭇 생명을 놓아 주며 당번을 만들어서 어머니가 아귀의 몸에서 벗어나게 하였다.

목련이 다시 부처님께 여쭈었다.

"저의 어머니께서는 아귀의 몸을 벗고 어느 곳에 태어나셨습니까?"

"그대의 어머니가 비록 아귀의 몸을 벗기는 했으나 지금은 왕사성에 태어나 어미 개가 되었느니라."

목련은 곧 발우를 들고 왕사성으로 가서 그 개를 찾

효행의 경전

왔다. 그 개는 멀리서 목련을 보자 달려와 뛰어 오르면서 말했다.

"내가 너의 어미이고 너는 내 아들이다."

목련은 어머니의 소리를 듣고 말했다.

"어머니께서는 이제 개의 몸이 되어 고생을 하시는데 그 전에 지옥에서 받던 고통과 비교하면 어떻습니까?"

개가 목련에게 말했다.

"내가 차라리 앞으로 계속 개의 몸이 되어 사람의 음식 찌꺼기를 먹고 살지언정 지옥이란 소리는 듣기조차도 두렵단다."

목련이 다시 부처님께 여쭈었다.

"어머니가 개의 몸을 받아 고생하고 있는데 어떻게 하면 개의 몸을 벗을 수 있겠습니까?"

부처님께서 다시 말씀하셨다.

"목련이여, 칠월 보름날에 우란분재(盂蘭盆齋)[35]를 베풀면 어머니는 개의 몸에서 벗어날 수 있을 것이다."

목련이 다시 부처님께 여쭈었다.

"부처님이시여, 무슨 까닭에 십삼일, 십사일은 택하지

않고 반드시 칠월 십오일을 택하십니까?"

"목련이여, 칠월 십오일은 스님들이 여름 결제(하안거)를 해제하는 날이다. 기뻐하면서 한 곳에 모여 그대의 어머니를 제도하여 정토(淨土)에 나게 할 것이다."

목련은 곧 부처님의 가르침을 따라서 시장에 나가 버들잎과 잣나무 가지를 사다가 우란분재를 베풀고 어머니를 개의 몸에서 벗어나게 하였으며 부처님 앞에 나아가 오백계(五百戒)를 받도록 하였다.

그리고 "원하옵건대 어머니는 삿된 마음을 버리고 바른 길로 돌아가시옵소서."라고 발원했다.

이와 같은 목련의 효심은 천모(天母)를 감동시켜 목련의 어머니를 영접하여 도리천궁(忉利天宮)[36]에 태어나게 하여 모든 즐거움을 받게 하였다.

또 목련은 효심을 드러내는 설법으로 많은 중생들을 제도하였다.

만일 선남자·선여인이 이 경을 서사하거나 받아 지니고 독송하면 삼세의 선망 부모와 칠대의 조상이 곧 정토

에 왕생할 것이며, 입고 먹는 것이 자연스럽게 갖추어지
며 장수하고 부귀를 누릴 것이다.

부처님께서 이 경을 설해 마치시자 천룡팔부(天龍八
部)[37]와 인비인(人非人)[38] 등은 크게 기뻐하며 믿는 마음
으로 받들어 행하며 예배하고 물러갔다.

목련경 해설

—

한 효자의 지옥순례기

《목련경(目連經)》은 석존의 십대제자 중 신통제일로 알려진 목련(목건련) 존자의 지옥순례기이다.

서양에 단테의 《신곡(神曲)》이 있다면 불교에는 《목련경》이 있다. 《목련경》은 불교판 '신곡'이라고 할 수 있을 만큼 그 구성과 묘사가 세밀할 뿐만 아니라 무거운 업장을 짊어지고 지옥의 고통을 겪는 어머니를 구하려는 일념으로 지옥을 순례하는 아들 목련 존자의 효성을 잘 묘사하고 있다.

따라서 본 경전은 《우란분경(盂蘭盆經)》, 《부모은중경》
과 함께 인간의 근원적인 문제인 부모와 자식의 관계를
인간 구원의 문제와 결부시켜 설하고 있는 대중 경전이
라고 할 수 있다.

먼저 본 경전의 줄거리를 살펴보도록 한다.

옛날 왕사성에 부상(傅相)이라는 한 부자가 있었다.
이 사람은 훌륭한 인품을 갖춘 불교신자였으나 일찍 죽
고 만다. 그가 죽자 엄청난 그의 재산은 서서히 기울고
그의 아들 나복(羅卜)은 남은 돈 삼천 관을 셋으로 나누
어 천 관은 가사용으로, 천 관은 삼보(三寶)를 공양할 돈
으로 그의 어머니 청제부인에게 맡기고, 나머지 천 관은
자신의 장사 밑천으로 삼아 먼 나라로 장사를 떠난다.

나복의 어머니 청제부인은 아들이 없는 동안 아들과
의 약속을 어기고 스님들을 핍박하고 온갖 짐승들을 죽
여서 희생 제사를 드리는 악습에 빠져서 지낸다.

삼 년 후 집에 돌아온 나복을 대한 어머니는 그 동안
자신의 악업을 속이고자 했으나 결국 나복은 어머니의
악행을 알게 된다.

나복의 어머니는 아들을 속이기 위해 "만약 네가 집을 떠난 뒤로 너를 위하여 오백승재를 지내지 않았다면 지금 나는 즉시 중병을 얻어 칠 일을 넘기지 못하고 죽어서 아비지옥에 떨어질 것이다."라는 거짓 맹세를 한다.

청제부인은 자신의 거짓 맹세대로 죽어서 아비지옥에 떨어지고 만다.

아들 나복은 모친의 삼 년 상을 치르고 부처님께 나아가 출가하여 목련이라는 법명을 받고 수행에 전념한다.

신통력을 얻은 목련은 선정(禪定) 중에 자신의 어머니가 지옥에 떨어졌음을 알고 어머니를 찾아 지옥순례를 시작한다. 검수지옥(劍樹地獄), 석개지옥(石蓋地獄), 아귀지옥(餓鬼地獄), 회하지옥(灰河地獄), 확탕지옥(鑊湯地獄), 화분지옥(火盆地獄)을 두루 다녔지만 어머니를 찾아낼 수 없었다.

목련은 다시 우두나찰이 일러주는 대로 아비지옥에 이르러 어머니를 찾으려 했으나 지옥문은 열리지 않았다.

효행의 경전

목련은 부처님께 여쭈어 부처님의 법력이 담긴 석장(錫杖)과 가사(袈裟)를 얻어서 지옥문을 열고 마침내 아비지옥의 참혹한 고통을 겪고 있는 어머니를 찾아낸다.

목련은 다시 부처님의 위신력을 빌어 어머니를 아비대지옥에서 구해내지만 모친은 무거운 업장으로 인해 다시 소흑암지옥(小黑闇地獄)으로 떨어지고 만다.

목련은 다시 보살들을 청하여 대승경전을 읽고 외우라는 부처님의 가르침을 행하여 모친을 소흑암지옥에서 구해내지만 어머니는 또다시 아귀(餓鬼)로 태어나게 된다.

다시 부처님의 가르침에 의해 그의 어머니는 아귀의 과보에서 벗어나지만 축생이 되어 왕사성의 개로 태어난다. 목련이 개로 태어난 어머니의 업장을 소멸할 수 있는 방법을 묻자 부처님은 칠월 보름의 우란분재(盂蘭盆齋)를 지내야 한다고 일러준다.

우란분재에 의해 목련의 어머니는 개로 태어난 과보를 벗고 이윽고 부처님께 귀의하여 도리천궁에 태어나게 된다. 목련은 어머니를 위하여 "원하옵건대 어머니는 삿된 마음을 버리고 바른 길로 돌아가시옵소서."라고 기원한다.

목련경의 사상과 구성

지금부터 본 경전의 사상과 그 의미를 살펴보기로 한다. 본 경전의 인물 설정에 따르면 나복의 아버지 부상장자는 불교에 귀의하여 육바라밀(六波羅蜜)을 닦는 선량한 인물로서 사후에 화락천궁(化樂天宮)에 왕생하는 복락을 누리지만 어머니 청제부인은 삼보를 핍박하고 짐승들을 죽여서 제사를 일삼으며 아들을 속이고 거짓 맹세를 하는 악행 끝에 아비지옥에 떨어지게 된다.

아들 나복은 효성과 불심이 깊은 인물이며 출가하여 불도의 깊은 경지를 체득하여 지옥에 떨어진 어머니를 구하기 위해 모든 지옥을 순례하고 마침내 부처님의 도움을 얻어 어머니를 구하는 효자이며 종교적 성자(聖者)이다.

본 경전의 찬자는 이상의 세 사람을 통해 선과 악의

상징적인 대비를 보여줌으로써 성공적인 인물 설정을 보여 주고 있는 것이다. 또한 이 경에서 묘사되고 있는 지옥의 참혹한 광경은 읽는 이들에게 전율을 안겨준다.

그런데 《부모은중경》이 입태(入胎)에서 성인이 되기까지 부모의 은혜와 자식의 갖가지 불효, 그리고 그로 인한 지옥의 과보를 축으로 전개되고 있다면, 《목련경》은 이미 죽은 '선망부모(先亡父母)의 구원'이라는 차원에서 전개된다.

따라서 《목련경》이나 《우란분경》처럼 목련존자가 어머니를 구하고자 지옥을 순례하는 정성어린 소재를 주제로 삼고 있는 경전에서는 지옥이라는 사후세계의 참혹한 정경을 생생하게 묘사할 필요가 있는 것이다.

지옥이란 무엇인가?

그렇다면 불교에서 지옥이란 무엇인가? 지옥이란 범어 나라카(Naraka)의 역어로서 나락가(那落迦)라고 음사되며, 이는 사후의 세계이다. 죄업을 지은 중생이 그 죄업의 성질에 따라 떨어져서 온갖 괴로움을 받는 세계이 므로 물론 즐거움은 없고 이루 말할 수 없는 고통만 극 심한 세계이다.

지옥에는 8대 열지옥(뜨거운 지옥)과 이 지옥에 속하는 부지옥(副地獄)격인 16소지옥이 있다. 또 8대 한지옥(寒 地獄, 추운 지옥) 역시 16소지옥을 갖추고 악인들을 기다 리고 있다고 한다.

죄업이 무거운 중생은 한 지옥에서의 형벌이 끝나면 다른 지옥으로 옮겨져서 악업이 다할 때까지 끝없는 고 통을 받게 된다.

그러므로 가장 죄업이 무거운 중생들이 가서 고통받 는 지옥인 아비지옥에 떨어진 목련존자의 어머니 청제 부인은 아들과 부처님의 가호에도 불구하고 단번에 지 옥의 고통에서 벗어나지 못하고 소흑암지옥(小黑闇地獄) 과 아귀(餓鬼), 그리고 다시 개로 태어나는 점진적인 정 화(淨化) 과정을 거치고 있는 것이다. 그만큼 지옥은 냉 엄한 인과응보의 세계이다.

종교학에서 지옥은 하나의 타계관념(他界觀念, Idea of

the other world)으로 파악된다. 타계란 실존적인 삶이 펼쳐지는 세계가 아닌, 사후의 이상세계 또는 그 반대인 잔혹한 징벌의 세계(지옥)를 의미한다.

본 경전과 같이 지옥과 극락을 설하는 교훈적 특성은 모든 인간에게는 사후의 심판이라는 과정이 누구에게나 평등하게 주어져 있으므로, 사후에 좋은 과보를 얻고자 한다면 그에 합당한 선행을 쌓아야 한다는 것이다.

그러므로 사후의 심판에서는 빈부의 차이나 신분의 고하를 가리지 않는 평등을 보장받게 되는 것이다. 즉 "만인은 법 앞에 평등하다"라는 격언이 사후의 세계에도 그대로 적용된다.

현대의 우리는 《목련경》이나 《부모은중경》, 《우란분경》이 설하는 지옥의 세계를 '터무니없는 옛날 이야기'라고 생각하기 쉽다.

그러나 불교에서 말하는 지옥이나 극락의 사상에는 인간의 행위에 대한 엄격한 자기 성찰이 담겨 있다는 것을 깨달을 필요가 있다. 지옥과 극락은 바로 우리들의 마음 속에 있는 세계이면서 동시에 현실적으로 존재하는 실존의 세계이다.

　지옥이란 글자 그대로 지하의 감옥을 의미한다. 그러나 땅 밑의 감옥이란 바로 우리가 발을 내딛고 서 있는 그 자리, 그 대지를 말한다. 즉 현실이 지옥과 같은 장소로 변할 수도 있고 우리의 마음가짐과 행위에 따라서 행복으로 가득한 화락천궁(化樂天宮)으로 변할 수도 있는 것이다.

　불교는 지옥의 사상을 인류에게 선물했다. 즉 현세를 '고(苦)의 세계'라고 깨닫게 함으로써 자기와 세계를 보는 눈을 깊게 만들었으며 정토를 희구하는 정열을 가져다 주었던 것이다.

우란분재의 의미

　이 경전에서 지옥에 떨어진 목련의 어머니를 구하기 위한 방법으로 석존이 말씀한 우란분이란, 범어 울람바나(Ullambana)의 속어형에서 파생된 역어이다. 이를 음역으로는 오람바나(烏籃婆拏)라고 하며 번역하면 도현(倒顯)

이라고 한다.

따라서 우란분이란 거꾸로 매달린 자의 고통을 뜻한다. 즉 거꾸로 매달린 듯한 고통을 받는 선망부모와 유주무주 고혼들의 극락왕생을 발원하며 행하는 의식이 우란분재인 것이다.

서서 사는 인간에게 거꾸로 매달린 자세는 가장 고통스럽고 부자유스러운 상태이다. 육체의 부자유, 정신의 부자유가 바로 도현(倒顯)인 것이다. 즉 고통과 부자유를 특징으로 삼는 지옥의 의미를 가장 함축적으로 표현하는 용어라고 할 수 있다.

그러므로 우란분이란 생전의 악업으로 인해 거꾸로 매달린 듯한 부자유와 고통을 겪는 선망부모와 시방의 유주무주 고혼(孤魂)들의 극락왕생을 위하여 부처님의 위신력과 청정승가의 수행력에 의한 가피를 기원하는 의식이다.

우란분이 행해지는 음력 칠월 보름은 하안거를 해제하는 날이며 대중 앞에서 그 동안의 수행을 점검하는 포살(布薩)을 행하는 날이다. 그래서 '시방의 모든 부처님들이 기뻐하는 날'이라고 한다.

불교의 사대 명절 중의 하나인 우란분재를 지내는 음력 칠월 보름은 하루 내내 절에서 영가의 극락왕생을 기원하는 목탁소리가 끊이지 않고 울려나오는 기도의 날이다.

우리가 여러 생을 윤회하면서 때로는 기쁘고 때로는 슬픈 인연을 맺었던 선망부모, 친지들의 명복을 빌고 은혜를 감사하는 마음으로 되새기는 날이 바로 우란분재이다.

산 자가 죽은 이의 명복을 기원하는 기도는 더없이 고귀하고 진실한 것이리라.

목련경의 역사

동아시아의 한역(漢譯) 불교문화에서 우란분재는 매우 오랜 역사를 갖고 있다. 양(梁)나라 천감(天監) 15년(516)에 성립된 《경율이상(經律異相)》 권14에는 '목련이 어머니를 위해 우란분을 행했다[目連爲母造盆)]'(大正藏 권53, 73~

효행의 경전

4a)라는 기사와 함께 우란분경의 경문을 인용하고 있다. 또한 《불조통기(佛祖統紀)》권37(大正藏 권49, 351a)에 의하면 양(梁)의 무제(武帝) 대동(大同) 4년(538)에 '양무제가 동태사에 행차하여 우란분재를 베풀었다[帝幸同泰寺設盂蘭盆齋]'고 한다.

이로써 보건대 중국에서는 이미 6세기경부터 국가적 규모의 우란분재가 행해졌음을 알 수 있다. 우리나라에서는 우란분재를 백종(百種), 또는 백중(百中)이라고 부르며 일찍부터 불교의 행사뿐만이 아닌 민간의 명절로 전해져 왔다.

《목련경》은 《우란분경》 등과 함께 목련구모(目連救母)를 주제로 삼고 있는 경전이다. 본 경은 《목련문경(目連問經)》에서 발전된 별행경전(別行經典)으로서 당대(唐代)에는 일반 대중들을 매료시킨 강창문학(講唱文學)의 대표적 경전이었다. 강창문학이란 사람들이 많이 모이는 장터나 거리에서 강창법사들에 의해 공연된 통속 문예극의 전형이라고 할 수 있다.

1900년 중국 감숙성 돈황(敦煌)에서 발견된 《대목건련명간구모변문병도(大目犍連冥間救母變文并圖)》(大正藏 권 85)는 그간의 사정을 잘 보여 준다.

정명(貞明) 7년(921) 4월 16일 정토사(淨土寺)의 학랑(學朗) 설안준(薛安俊)이 필사한 이 사본은 장터나 거리에서 공연된 통속 문예극으로서 사용된 흔적이 매우 짙게 나타나고 있다. 즉 경전 본문의 강창(講唱, 경전의 가르침을 극본으로 구성하여 쉽게 설하는 것)에 들어가기 전에 설하는 안내문이 실려 있다.

"오늘은 칠월 십오일 천당의 문이 열리고 지옥의 문도 열리도다. 삼도(三途)의 업이 녹고 십선(十善)이 증장하는 날이다. 많은 스님들이 자자(自恣)를 행하는 이 날 회복신(會福神)과 팔부천룡이 모두 모이나니 복덕을 설하는 말씀을 듣고 공양하는 자는 현세에서 복을 얻고 죽어서는 수승한 곳에 태어나리라. 오늘 우란백미(盂蘭百味)로써 삼존(三尊)을 공양하면 대중스님들의 은광(恩光)에 힘입어 도현(倒懸, 지옥)의 고통에서 벗어나리라."

이와 같이 《목련경》은 그 구성의 극적인 면과 차원 높은 교훈성으로 인해 오랫동안 대중의 사랑을 받아왔다.

《목련경》은 삶과 죽음, 부모와 자식의 관계, 구원의 문제를 생각하도록 이끌어 주는 수준 높은 대중 경전인 것이다.

삶과 구원 그리고 죽음의 사상을 잊어버린 현대문명은 분명히 망각의 문명이다. 현대문명 속의 우리는《목련경》의 세계를 숙고하면서 오직 열광만을 추구하는 현대문명의 바른 길을 모색해야 할 것이다.

목련경 역주(譯註)

•

1) 장자(長者, Śreṣṭha) : 부호, 자산가로서 불교에 귀의하여 마음이 진실하고 언행이 바른 사람.

2) 육바라밀(六波羅蜜) : 대승불교의 수행자(보살)가 실천하는 여섯 가지 수행덕목. 바라밀은 범어 pāramitā의 음역으로서 지도(智度), 도피안(到彼岸)이라고 하며 우리말로는 '저 언덕(열반의 세계)으로 건너간다'는 뜻이다 육바라밀이란 ① 공(空)의 이법을 체득하여 일체 중생에게 헌신하는 보시바라밀(布施波羅蜜) ② 불교의 윤리를 실천하는 지계바라밀(持戒波羅蜜) ③ 인내하고 용서하는 마음의 수행인 인욕바라밀(忍辱波羅蜜) ④ 끊임없는 신심과 끈기인 정진바라밀(精進波羅蜜) ⑤ 선(禪)으로의 길, 선정바라밀(禪定波羅蜜) ⑥ 지혜의 완성, 반야바라밀(般若波羅蜜)이다.

3) 삼 년 동안의 복(服) : 3년 동안 상복을 입고 부모의 묘소 곁에 초막을 짓고 묘를 돌봄.

4) 삼보(三寶) : 불교신앙의 3대 중심인 불법승(佛法僧)을 세 가지 보물에 비유한 것. 불교신자가 신앙의 중심인 삼보에 귀의하는 것을 삼귀의(三歸依)라고 한다.

5) 당번(幢幡) : 법당을 장식하는 장엄도구. 당은 장대 끝을 용머리 형상으로 꾸미고 비단 깃발을 다는 것. 불보살의 지혜와 공덕을 나타내고 중생들을 이끌어 마군들을 굴복시킨다는 표치. 번은 갖가지 교리를 상징하는 장엄물을 매달아 법당 안에 설치하는

장엄도구.

6) 오백승재(五百僧齋) : 시주가 오백 명의 스님을 아무런 차별없이 청하여 음식공양을 올리는 것. 우리나라에서는 고려시대에 많이 행해졌으며 반승재(飯僧齋)라고 한다.

7) 아비대지옥(阿鼻大地獄, Āvici-raurava) : 아비는 쉴 틈이 없이 계속 고통받는다는 의미에서 무간(無間)이라는 뜻. 즉 무간지옥이다. 가장 고통이 극심한 지옥으로서 이 지옥의 중생들이 고통에 못이겨 지르는 소리를 아비규환(阿鼻叫喚)이라고 하여 요즘 우리말에서도 쓰이고 있다.

8) 자오(慈烏) : 자오는 까마귀를 가리킨다. 까마귀 새끼는 자라서 그 부모에게 먹을 것을 물어다 주므로 효성이 지극한 새라고 한다. 백거이(白居易)의 시(詩) 자오야제시(慈烏夜啼詩)에는

   그 어미를 잃은 까마귀

   까악까악 슬픈 소리를 토하네

   (慈烏失其母 啞啞吐哀音)

라는 구절이 있다.

9) 기사굴산(耆闍崛山, Gṛdhrakūṭa) : 석존 당시 마가다 국의 수도 왕사성 부근에 있던 산. 이 산에는 독수리가 많이 살았으므로 취봉(鷲峰), 영취산(靈鷲山)이라 한다. 석존이 법화경을 설한 곳.

10) 세존(世尊, Bhagavat) : 부처님의 지혜와 덕을 나타내는 10대 명호의 하나로서 세간에서 가장 존귀하신 분이라는 뜻. 부처님의 10대 명호는 다음과 같다. ① 여래(如來) ② 응공(應供) ③ 정변지(正遍知) ④ 명행족(明行足) ⑤ 선서(善逝) ⑥ 세간해(世間解)

⑦ 무상사(無上士) ⑧ 조어장부(調御丈夫) ⑨ 천인사(天人師) ⑩
불세존(佛世尊).

11) 남염부제(南閻浮提, Jambudvīpa) : 남섬부주(南贍部洲)라고도 한
다. 인도인은 이 세계가 수미산을 중심으로 형성되어 있으며 이
산의 주변에는 구산(九山)과 팔해(八海)가 있고 그 일곱 번째
산의 주위에는 바다로 둘러싸인 네 개의 섬이 있다고 한다. 이
네 개의 섬을 사대주(四大洲)라고 한다. 동쪽에는 동승신주(東
勝神洲), 서쪽에는 서우화주(西牛貨洲), 북쪽에는 북구로주(北瞿
盧洲), 남쪽에는 남섬부주(南贍部洲)가 있다고 한다. 이 남섬부
주가 지금 우리가 살고 있는 사바세계라고 한다.

12) 부도(浮屠) : 고승의 사리나 유골을 봉안하는 탑. 부도는 붓다를
가리키는 범어 붓다(Buddha)의 전음(轉音)으로서 후세에는 원
래 탑을 뜻하는 스투파(Stūpa)의 의미로 사용되었음.

13) 수기(授記) : 부처님 또는 덕이 높은 보살이 중생에게 언제 꼭 성
불하게 되리라는 예언을 주는 것. 《법화경》 권3에 〈수기품(授記
品)〉이 있다.

14) 대목건련(大目犍連, Mahāmaudgalyāyana) : 부처님의 10대제자
가운데 신통력이 제일 뛰어났으므로 신통제일로 불린다. 사리
불과 함께 부처님의 쌍수제자로 불리는 그는 신통력으로 많은
중생을 교화하였으나 그에게 적의를 품은 외도들에게 피살되었
다고 한다. 신통력이 뛰어난 그였지만 전세의 숙업으로 그 과보
를 피할 수 없었다고 한다.
이 《목련경》의 중심인물인 목건련은 초기불교 교단의 대목건련

과는 다른 인물로도 보이는데 목건련은 부처님의 시자 아난보다도 일찍 출가하여 교단의 중요 인물이 되었으므로 이 경에서 "아난에게 명하여 나복의 머리와 수염을 깎게 하고[卽遣阿難 剃除鬚髮]"는 앞뒤가 맞지 않다.

또한 "세존께서 머리를 만져 수기(授記)를 하시고 이름을 고쳐 대목건련(大目犍連)이라 부르시고 나의 십대제자 가운데 신통이 제일이었다"고 말씀하셨다라는 본 경의 서술로 보아 원래의 대목건련의 법명을 이은 제2의 목건련으로 생각해 볼 수 있다. 그러나 본 경의 내용과 같이 수많은 지옥을 드나들며 효성과 부처님의 도움으로 어머니를 구한다는 이야기는 반드시 뛰어난 신통력을 가진 주인공이어야만 한다.

그러므로 본 경에서의 목건련은 적어도 신통제일의 대목건련이 가진 특성을 그대로 수용하고 있다.

15) 화락천궁(化樂天宮, Nirmāṇarataya) : 육욕천(六欲天) 중의 제5천. 모든 것이 자연히 즐거움으로 변화하는 하늘.《지도론(智度論)》권9,《인왕경(仁王經)》권상,《구사론(俱舍論)》권11에서 설해지고 있다.

16) 검수지옥(劍樹地獄) : 대아비지옥에 속하는 16부지옥(副地獄) 중의 하나. 사방이 날카로운 칼날로 뒤덮인 나무에 매달려 고통받는다는 지옥.

17) 석개지옥(石蓋地獄) : 8지옥 중의 제3지옥인 중합지옥(衆合地獄)을 가리킴. 맷돌로 죄인을 갈아 고통을 준다는 지옥. 석할지옥(石割地獄)이라고도 한다.

18) 아귀(餓鬼, Preta) : 생전의 탐욕으로 인한 과보로서 중생이 윤회하는 여섯 세계[六道 : 지옥, 아귀, 축생, 수라, 인, 천] 중의 한 세계. 무엇을 먹더라도 곧 불덩어리로 변해서 끊임없는 기갈에 시달리며 그 생김새는 배는 큰 데 비하여 목구멍은 바늘만 하다고 한다. 또 아귀에는 세 종류의 아귀가 있다고 한다. ① 아무것도 전혀 먹을 수 없는 무재아귀(無財餓鬼) ② 인간이 버린 부정한 것만 조금씩 먹을 수 있는 소재아귀(少財餓鬼) ③ 호화로운 건물이나 풍요로운 곳에서 인간과 함께 살지만 항상 부족함을 느끼며 허덕이는, 영원히 불만의 세계에서 고통받는 유재아귀(有財餓鬼).

19) 회하지옥(灰河地獄) : 대아비지옥에 속하는 16부지옥(副地獄) 중의 하나. 잿물의 바다에서 표류하며 구원의 기대가 늘 좌절되는 고통을 받는다는 지옥.

20) 확탕지옥(鑊湯地獄) : 대아비지옥에 속하는 16부지옥(副地獄) 중의 하나. 큰 가마솥에 삶겨지는 고통을 받는 지옥.

21) 화분지옥(火盆地獄) : 8대지옥 중 제6 초열지옥(焦熱地獄)의 다른 이름. 무시무시한 불길이 온 몸을 태우며 죄인은 항상 이글이글 타오르는 불이 담긴 동이를 머리에 이고 있어야 한다고 함.

22) 우두옥졸(牛頭獄卒) : 소머리에 사람의 형상을 한 지옥의 간수. 소를 잡아 식용하는 인류의 업보를 경계하고 터부를 상징한다.

23) 석장(錫杖) : 주장자라고도 하며 불교 수행자가 소지하는 지팡이의 일종. 길을 갈 때 물의 깊이를 재거나 보행의 편리를 위해

서 사용되었으나 금속으로 윗부분을 장식하고 고리를 달아 소리를 냄으로써 벌레나 짐승들이 보행자의 발길에 희생되지 않도록 하는 구실도 했음. 또는 스님의 위엄을 갖추는 장엄도구로써 사용된다.

24) 가사(袈裟, Kaṣāya) : 스님의 법복으로서 복전의(福田衣), 공덕의(功德衣), 간색의(間色衣), 이진복(離塵服), 연화복(蓮華服)이라고 한다. 화려한 색깔의 천을 사용하지 않고 헌 헝겊을 주워다가 꿰매어 만들었으므로 분소의(糞掃衣)라고 한다. 가사에는 내의(內衣)·하의(下衣)를 뜻하는 안타회(安陀會)와 상의(上衣)·법의(法衣)를 뜻하는 울다라승(鬱多羅僧), 그리고 대의(大衣)·합의(合衣)의 뜻을 가지고 있으며, 스님이 법문이나 포살, 외출 시에 입는 정식 법복인 승가리(僧伽梨)가 기본으로서 여기에 발우(鉢盂)를 더해 삼의일발(三衣一鉢)이라고 부른다. 삼의일발은 스님의 기본 소지품이다.

25) 오역죄(五逆罪) : 무간지옥에 떨어지는 다섯 가지 큰 죄악. 부친을 살해하고, 모친을 살해하며, 아라한을 해치고, 부처님의 몸에 피를 내며, 화합승단을 파괴하는 행위.

26) 비구(比丘) : 범어 빅쿠 bhikṣu에서 파생된 단어로서 '얻어 먹는다[乞士]'는 뜻을 가지고 있다. 비구는 20세 이상의 남자로서 구족계(具足戒)를 수지한 정식 스님이다. 구족계는 비구계라고도 하며 전부 250가지의 계율이 있다.

27) 비구니(比丘尼, bhikṣuṇī) : 20세 이상의 여성으로서 348계를 수지한 여성 수행자.

28) 우바새(優婆塞, upāsaka) : 출가하지 않고 세속에 살면서 불교에 귀의한 남자 신도.

29) 우바이(優婆夷, upāsikā) : 출가하지 않고 세속에 살면서 불교에 귀의한 여자 신도.

30) 다라수(多羅樹)는 종려과에 속하는 식물. 인도, 미얀마, 스리랑카 등지에서 자란다. 나무의 높이는 70~80척으로서 고대 인도에서는 이 나무로 척도의 단위를 삼았다. 이 나무의 잎은 넓고 단단하여 종이 대신으로 쓰였다. 여기에 경전을 썼으며 이를 패엽경(貝葉經)이라고 한다.

31) 염라대왕(閻羅大王) : 죽은 자의 세계, 즉 지옥의 세계를 지배하는 죽음의 신. 염라는 범어 야마(Yama)의 음역.

32) 탁생(托生) : 어머니의 태에 의탁하여 태어나는 것. 또는 극락세계의 연화대를 태로 삼아 극락에 왕생하는 것.

33) 소흑암지옥(小黑闇地獄) : 대아비지옥에 속하는 18부지옥(副地獄)의 하나. 칠흑 같은 어둠 속에서 고통받는다는 지옥.

34) 십선인(十善人) : 몸과 말, 뜻[身口意]으로 열 가지 악을 범하지 않고 열 가지 선을 행하는 사람. 열 가지 선이란 ① 불살생(不殺生) ② 불투도(不偸盜) ③ 불사음(不邪婬) ④ 불망어(不妄語) ⑤ 불양설(不兩舌) ⑥ 불악구(不惡口) ⑦ 불기어(不綺語) ⑧ 불탐욕(不貪慾) ⑨ 불진에(不瞋恚) ⑩ 불사견(不邪見)을 가리킨다.

35) 우란분재(盂蘭盆齋) : 음력 칠월 보름 선망부모와 유주무주(有主無主)의 외로운 혼의 극락왕생을 발원하며 베푸는 영가 천도의 식.

우란분재는 거꾸로 매달린 듯한 고통을 받는 영가들을 위로하고 극락왕생을 발원하는 의식이다. 또한 우란분재는 백중·백종이라고도 하며 불가의 사대명절 중의 하나이다. 음력 7월 15일은 승단의 하안거를 해제하는 날이며 대중 앞에서 그 동안의 수행을 점검하는 포살의 날이다. 이 우란분재를 지내는 음력 칠월 보름은 하루 내내 절에서 목탁소리가 끊이지 않고 울려나오는 날이다. 우란분재는 우리가 여러 생을 윤회하면서 기쁘고 슬픈 인연을 선망부모, 친지와 유주무주의 외로운 혼들의 명복을 빌고 감사함을 표시하는 날인 것이다.

36) 도리천궁(忉利天宮, Trāyastriṃśa): 남섬부주 위의 수미산 제일 정상에 있다는 하늘. 33천이라고도 한다.

37) 천룡팔부(天龍八部): 불법을 수호하는 여덟 부류의 무리. 천(天), 용(龍), 야차(夜叉), 건달바(乾闥婆), 가루라(迦樓羅), 아수라(阿修羅), 마후라가(摩睺羅迦), 긴나라(緊那羅).

38) 인비인(人非人): 사람과 사람 아닌 것. 여기선 부처님의 법회에 모인 대중을 천룡팔부(天龍八部)와 인간을 가려서 부른 호칭이다. 한역 불전에서 인비인(人非人)이라고 번역되는 긴나라(緊那羅)와 혼동해서는 안 된다.

우란분경
(盂蘭盆經)

제1장

목련의 슬픔

—

이와 같이 나는 들었다. 어느 때 부처님께서는 사위국(舍衛國) 기수급고독원(祇樹給孤獨園)에 계셨다.

그때 대목건련(大目犍連)[1]은 처음 육신통(六神通)[2]을 얻고 나서 부모를 제도하여 낳아 키워 주신 은혜에 보답하고자 깨달은 눈[道眼]으로 세간을 살펴보았다.

그의 어머니는 죽어서 아귀(餓鬼)[3]로 태어났고 음식을 먹지 못하고 피골이 상접하여 차마 볼 수 없었다. 목련은 슬픔을 가다듬고 발우에 밥을 가득 담아 아귀가 된 그의 어머니에게 드시게 하였다.

그의 어머니는 발우의 밥을 받아 들고서 왼손으로는

효행의 경전

다른 아귀들을 쫓고 있었으며 오른손으로는 밥을 움켜 먹고 있었다.

그러나 밥이 입으로 들어가기도 전에 밥은 이미 불덩어리가 되니 그의 어머니는 끝내 음식을 먹을 수 없었다.

목련은 이를 보고 슬피 울다가 급히 돌아와 부처님께 여쭈었다.

부처님께서 목련에게 말씀하셨다.

"그대의 어머니는 악업의 뿌리에 깊게 얽혔으니 그대 한 사람의 힘으로는 어찌할 수 없느니라.

그대가 비록 부모에 대한 효도로 천하에 이름을 떨치고 있으나 그대의 힘만이 아니라 천신(天神)이나 지신(地神), 사마외도(邪魔外道)의 도사나 사천왕신(四天王神)⁴⁾의 힘으로도 어찌할 수 없고 오직 시방의 대중스님들의 위신력이라야 비로소 구할 수 있으리라.

내 이제 마땅히 그대를 위하여 어머니를 구제하는 법을 설하여 온갖 고난에서 벗어나고 모든 업장을 소멸하게 하리라."

제2장

아귀를 구하는 방법

—

"시방의 대중스님들이 자자(自恣)[5]하는 칠월 십오일에 마땅히 칠세(七世)[6]의 부모와 현재의 부모, 그리고 모든 액난을 겪고 있는 중생을 위하여 온갖 음식과 과실을 갖추어 큰 그릇에 담고 향유로 불을 밝히고 자리를 와구(臥具)로 깔지니라.

그리고 세간의 훌륭한 공양구(供養具)를 모두 갖추어 그릇에 담고 시방의 모든 대덕스님과 여러 스님들을 공양하여라.

이날은 산 속에서 선정(禪定)에 들었거나 혹은 사도과(四道果)[7]를 얻었거나 혹은 나무 밑에서 경행(經行)[8]하거나 혹은 여섯 가지 신통이 자재하여 성문(聲聞)[9]이나 연각(緣覺)[10]을 교화하거나, 혹은 십지(十地)[11]에 이른 대보살이 방편으로 비구의 몸을 나타내어, 그 모든 거룩한 대중들과 함께 있어서 한마음으로 발우에 담은 공양을 받게 되느니라.

청정한 계행을 갖춘 스님들의 도는 그 덕이 바다와 같이 넓고 깊으니라.

이날 자자(自恣)를 하신 스님들께 공양하는 중생은 칠세의 부모와 육종친속(六種親屬)[12]이 모두 삼도(三途)[13]의 고통스러운 길에서 벗어나고 해탈을 얻으며 의식(衣食)이 저절로 갖추어지게 될 것이니라.

만약 현재의 부모가 살아 있다면 부모의 복락이 백 년에 이를 것이며 이미 죽었다면 칠세의 부모까지 천상에 나고 자재하게 태어나 장엄한 하늘의 광명 속에 들게 되어 한량없는 기쁨을 누리게 되느니라."

부처님께서 다시 시방의 여러 대중스님에게 말씀하셨다.

"대중들의 공양을 받을 때에는 반드시 공양을 올린

사람과 그 가정, 그의 과거 칠세 부모를 위하여 축원을
해야 하느니라.

그리고 선정에 든 후에 공양을 받을지니라. 처음 공양
을 받을 때는 먼저 부처님 앞에 올려 놓고 대중과 함께
축원을 한 다음 공양을 받을지니라."

이때 목련비구와 법회에 모인 대보살들이 모두 크게
기뻐하였으며 목련비구의 슬픔은 사라졌다.

이때 목련비구의 어머니는 일 겁 동안 받을 아귀의 고
통에서 해탈하였다.

제3장

현재의 부모와 칠생의 부모를 위한 공양법
—

이때 목련이 부처님께 말씀드렸다.

"세존이시여, 제자를 낳은 부모는 이제 삼보의 공덕과 대중스님들의 위신력을 입었습니다. 만일 다가오는 세상에 모든 부처님의 제자가 부모에게 효도하는 도를 행할 때, 이 우란분재의 법을 마땅히 행하여, 현재의 부모와 과거 칠세의 선망부모를 구하여 제도하여야 옳지 않겠습니까?"

부처님께서 말씀하셨다.

"참으로 옳은 물음이로다. 내가 말하려는 바를 그대가 묻는구나.

선남자여, 만일 비구, 비구니, 국왕, 태자, 왕자, 대신, 재상, 백관이나 모든 백성들이 효순의 도를 행하고자 할진대, 마땅히 현세에 낳아 준 부모와 과거 칠세의 부모를 위하여 스님들이 자자(自恣)하는 칠월 십오일에 온갖 음식과 공양구를 그릇에 담고 자자(自恣)에 참석하신 스님들께 공양하고 축원을 해야 하느니라.

그러면 문득 현재 부모의 수명은 백 년에 이르고 병이 없을 것이며 모든 고통과 근심이 없어질 것이니라.

또한 과거 칠세의 부모가 아귀의 고통에서 벗어나고 천상이나 인간으로 태어나서 끝없는 복락을 누리리라."

부처님께서 다시 말씀하셨다.

"여러 선남자 선여인들이여, 그대들이 부처의 제자로서 효순의 도를 닦는 자라면 마땅히 생각생각마다 항상 부모의 은혜를 생각하여라. 현생의 부모와 과거 칠세의 부모를 위하여 해마다 칠월 십오일에는 우란분재를 행하여라.

항상 효순하는 마음으로 자기를 낳아 기른 부모와 과거 칠세의 부모를 생각하고 공양구를 지어서 부처님과 스님들께 올리도록 하여라.

　그리하여 낳고 기르신 부모님의 은혜에 보답토록 하여라. 모든 불자라면 마땅히 이 법을 받들어 행하여야 하느니라."

　이때 목련비구와 사부대중[14]은 부처님의 말씀을 듣고 기뻐하며 받들어 행하였다.

우란분경 해설

효도와 공양

《우란분경(盂蘭盆經)》은 《목련경(目連經)》과 함께, 목련 존자가 악업의 과보로 인하여 지옥의 고통을 겪는 어머니를 구하는 목련구모(目連救母)를 주제로 삼고 있는 대중경전이다.

《목련경》의 세밀한 주제 전개와 지옥 묘사에 비해 《우란분경》은 우란분재(盂蘭盆齋)의 의미를 비교적 간략하게 설하고 있다. 따라서 본 경의 주제는 어디까지나 우란분재의 신앙적 가치이다. 그런 만큼 《우란분경》은 오랫동

안 우란분재의 신앙적 가치를 설하는 경전으로서 권위
를 인정받아 왔다.

  본 경의 내용을 간략하게 살펴보기로 한다.
  부처님께서 사위국 기수급고독원에 계실 때의 일이었
다.
  목련존자가 육신통(六神通)을 체득하여 부모님을 제도
하며 아울러 부모님의 은혜를 갚고자 도안(道眼)으로 세
간을 두루 살펴보았다.
  그런데 뜻밖에도 그의 어머니는 아귀로 태어나 피골
이 상접하여 차마 볼 수 없는 고통을 겪고 있었다. 이에
목련은 슬퍼하며 부처님께 어머니를 구할 수 있는 방법
을 여쭙는다.
  부처님께서는 우란분재를 행해야만 어머니를 구할 수
있다고 설하시고 우란분재를 행하는 방법과 그 공덕을
설하신다. 목련은 부처님의 가르침에 따라서 우란분재를
행하고 그의 어머니는 일 겁 동안 받아야 할 아귀의 고
통에서 벗어난다. 목련과 대중들은 미래의 모든 불자가

우란분재를 마땅히 행해야 함을 깨닫는다.

이상이 우란분재의 줄거리이다.

특히 본 경에서는 우란분재의 공양을 받는 승단의 의무가 설해지고 있는 것이 특징이다. 즉 우란분재의 공양을 받는 스님들은 반드시 공양을 올린 사람과 그 가정 그리고 그의 칠대 선조의 부모를 위하여 축원을 해야 한다는 종교적 의무를 강조하고 있다.

따라서 본 경은 간략한 구성 속에 불교신앙의 중요한 문제를 수록하고 있다고 보아도 좋을 것이다.

이 경전의 원제는 《불설우란분경(佛說盂蘭盆經)》이며 서진시대(西晉時代)의 월씨국(月氏國) 삼장(三藏) 축법호(竺法護)가 한역(漢譯)한 것으로 알려진다. 당대(唐代)의 저명한 학승 규봉종밀은 본 경의 주석서인 《불설우란분경소(佛說盂蘭盆經疏)》(大正藏 권39)를 남기고 있을 정도로 동아시아 한역 불교 문화에 큰 영향을 남기고 있는 경전이 바로 《우란분경》이다.

우란분경 역주(譯註)

.

1) 대목건련(大目犍連, Mahāmaudgalyāyana) : 부처님의 십대제자 가운데 신통력이 제일 뛰어나 신통제일로 불린다. 사리불과 함께 부처님의 쌍수제자로 불리는 그는 신통력으로 많은 중생을 교화하였으나 그에게 적의를 품은 외도들에게 피살되었다고 한다. 신통력이 뛰어난 그였지만 전세의 숙업으로 그 과보를 피할 수 없었다고 한다.《우란분경》의 중심인물인 목건련은 초기 불교교단의 대목건련(大目犍連)과는 다른 목건련으로 보인다(《목련경》 주 14) 참조).

2) 육신통(六神通) : 불도(佛道)를 닦아 체득하는 여섯 가지 신통력.
   ① 신족통(神足通) : 어느 장소든 자유로이 왕래할 수 있는 신통력.
   ② 천이통(天耳通) : 어느 곳의 소리든지 들을 수 있는 신통력.
   ③ 타심통(他心通) : 다른 사람의 생각을 꿰뚫어 아는 신통력.
   ④ 숙명통(宿命通) : 전생의 운명을 아는 능력.
   ⑤ 천안통(天眼通) : 온 우주를 투시할 수 있는 능력.
   ⑥ 누진통(漏盡通) : 번뇌를 완전히 소멸시킬 수 있는 신통력.
   이상의 육신통 가운데 제5통까지는 천신들도 얻을 수 있지만 제6 누진통은 석존과 같은 완전히 깨달은 자만이 체득할 수 있다고 한다.

3) 아귀(餓鬼, Preta) : 생전의 탐욕으로 인한 과보로서 중생이 윤회하는 여섯 세계[육도 : 지옥, 아귀, 축생, 수라, 인, 천] 중의 한 세계. 아귀는 무엇을 먹더라도 곧 불덩어리로 변해서 끊임없는 기갈

에 시달리며 그 생김새는 북같이 큰 배에 바늘만한 목을 가졌다고 한다. 아귀에는 세 종류가 있다고 한다.

① 아무것도 전혀 먹을 수 없는 무재아귀(無財餓鬼).

② 인간이 버린 부정한 것만을 조금씩 먹을 수 있는 소재아귀(少財餓鬼).

③ 호화로운 건물이나 풍요로운 곳에 인간과 함께 살지만 항상 부족함을 느끼며 허덕이는 유재아귀(有財餓鬼).

4) 사천왕신(四天王神) : 욕계 6천의 첫째인 사천왕천의 주인으로서 수미산의 4주(四洲)를 수호하는 신. 호세천(護世天)이라고도 하며 수미산 중턱에 머문다고 한다.

① 지국천왕(持國天王) : 동쪽을 수호한다고 한다.

② 증장천왕(增長天王) : 남쪽을 수호한다고 한다.

③ 광목천왕(廣目天王) : 서쪽을 수호한다고 한다.

④ 다문천왕(多聞天王) : 북쪽을 수호한다고 한다.

이들 사천왕은 도리천의 주인인 제석천의 명을 받아 사천하를 돌아다니면서 사람들의 선과 악을 살피고 이를 보고한다고 한다. 우리나라 사찰에서는 사찰 입구의 천왕문에 사천왕상을 봉안하고 사찰의 수호신으로 삼고 있다.

5) 자자(自恣, Pravāraṇa) : 하안거가 끝나는 날 승단이 한자리에 모여 3개월 간의 안거 기간 동안의 수행을 점검하고 각각 자신이 타인들에게 비난받을 만한 행위가 있었는지를 물은 뒤 잘못을 반성하고 참회하는 행사.

6) 칠세(七世) : 일곱 번의 생을 윤회하는 동안의 부모. 원래는 주대

(周代)의 종묘(宗廟) 제사법인 태조(太祖)와 삼소(三昭), 삼목(三穆)에서 유래됨.

7) 사도과(四道果) : 소승불교의 수도자가 증득하는 네 가지 성도(聖道)체계. 즉 일체의 견혹(見惑)을 끊어서 증득하는 수다원과(須陀洹果). 욕계의 사혹(思惑)을 끊어서 증득하는 사다함과(斯陀含果). 아나함과(阿那含果), 일체의 번뇌를 끊어 다시 윤회에 들지 않는 아라한과(阿羅漢果)를 가리킴.

8) 경행(經行) : 좌선 중 졸음을 쫓기 위해서 일정 거리를 걷는 것.

9) 성문(聲聞, Śrāvaka) : 석존이 설하신 진리의 말씀을 전해 듣고 깨달음을 얻은 소승불교의 성자.

10) 연각(緣覺, Pratyeka-buddha) : 독각(獨覺)이라고도 한다. 즉 '연기법(緣起法)의 진리를 홀로 관하여 깨달음을 얻은 성자'이다.

11) 십지(十地) : 《화엄경》에서 설하는 보살도 수행의 열 가지 계위 ① 환희지(歡喜地) ② 이구지(離垢地) ③ 발광지(發光地) ④ 염혜지(焰慧地) ⑤ 난승지(難勝地) ⑥ 현전지(現前地) ⑦ 원행지(遠行地) ⑧ 부동지(不動地) ⑨ 선혜지(善慧地) ⑩ 법운지(法雲地).

12) 육종친속(六種親屬) : 부(父), 모(母), 형(兄), 제(弟), 처(妻), 자(子).

13) 삼도(三途) : 지옥·아귀·축생을 말하며 삼악도(三惡道)라고도 함.

14) 사부대중(四部大衆) : 출가와 재가의 불제자 일반을 가리키는 말. 즉 비구(比丘), 비구니(比丘尼), 우바새(優婆塞), 우바이(優婆夷).

지장경
(地藏經)

제1장

도리천궁의 신통

—

이와 같이 나는 들었다.

한 때 부처님께서 도리천[1]에 계시면서 어머니를 위하여 설법하고 계셨다.

그때 시방세계의 수많은 부처님과 대보살마하살들이 모여, 석가모니 부처님이 오탁악세(五濁惡世)에 능히 불가사의한 대지혜와 신통력으로 조복하기 어려운 중생들을 다스리고, 괴롭고 즐거운 법을 알게 하심을 찬탄하고, 각각 사람을 보내어 세존께 문안을 여쭈었다.

이때 여래께서 웃음을 머금고 백천만억의 큰 광명의 구름을 놓으셨다.

이른바 그것은 대원만광명을 나타내는 진리의 구름이며, 대지혜광명을 나타내는 진리의 구름이며, 대반야광명을 나타내는 진리의 구름이며, 대삼매광명을 나타내는 진리의 구름이며, 대길상광명을 나타내는 진리의 구름이며, 대복덕광명을 나타내는 진리의 구름이며, 대공덕광명을 나타내는 진리의 구름이며, 대귀의광명을 나타내는 진리의 구름이며, 대찬탄광명을 나타내는 진리의 구름이었다.

이와 같이 가히 말로 표현할 수 없는 광명의 구름을 놓으시고 또 여러 가지 미묘한 음악 소리를 내셨다.

그것은 이른바 보시바라밀(布施波羅蜜)[2]의 음악이며, 지계바라밀(持戒波羅蜜)의 음악이며, 인욕바라밀(忍辱波羅蜜)의 음악이며, 정진바라밀(精進波羅蜜)의 음악이며, 선정바라밀(禪定波羅蜜)의 음악이며, 반야바라밀(般若波羅蜜)의 음악이며, 자비의 음악, 영원한 헌신과 영원한 버림의 음악, 해탈의 음악, 번뇌가 다한 음악, 대지혜의 음악, 사자후의 음악, 대사자후의 음악, 큰 구름과 번개의 음악이었다.

이와 같이 가히 말로 설할 수 없는 음악 소리를 내어
마치시니 사바세계와 여러 국토에 있는 무량억의 천룡귀
신들도 모두 도리천궁에 모여들었다.

　그들은 이른바 사천왕천(四天王天),³⁾ 도리천(忉利天), 수
염마천(須焰摩天),⁴⁾ 도솔타천(兜率陀天), 화락천(化樂天),⁵⁾
타화자재천(他化自在天),⁶⁾ 범중천(梵衆天), 범보천(梵輔天),
대범천(大梵天), 소광천(少光天), 무량광천(無量光天), 광음
천(光音天), 소정천(少淨天), 무량정천(無量淨天), 변정천(遍
淨天), 복생천(福生天), 복애천(福愛天), 광과천(廣果天), 엄식
천(嚴飾天), 무량엄식천(無量嚴飾天), 엄식과실천(嚴飾果實
天), 무상천(無想天), 무번천(無煩天), 무열천(無熱天), 선견천
(善見天), 선현천(善現天), 색구경천(色究竟天), 마혜수라천
(摩醯首羅天)⁷⁾이었으며 비상비비상천(非想非非想天), 용중
(龍衆), 귀신들의 무리가 모두 법회에 모였다.

　다시 타방국토와 사바세계의 해신(海神), 강신(江神), 하
신(河神), 수신(樹神), 산신(山神), 지신(地神), 천택신(川澤神),
묘가신(苗稼神), 주신(晝神), 야신(夜神), 공신(空神), 천신(天
神), 음식신(飮食神), 초목신(草木神) 등과 같은 여러 신들

도 모두 법회에 모였다.

다시 또한 타방국토와 사바세계의 여러 큰 귀왕(鬼王)이 있었으니 이른바 악목귀왕(惡目鬼王), 담혈귀왕(噉血鬼王), 담정기귀왕(噉精氣鬼王), 담태란귀왕(噉胎卵鬼王), 행병귀왕(行病鬼王), 섭독귀왕(攝毒鬼王), 자심귀왕(慈心鬼王), 복리귀왕(福利鬼王), 대애경귀왕(大愛敬鬼王) 등과 같은 여러 귀왕들도 모두 법회에 모였다.

그때 석가모니 부처님께서 문수사리법왕자보살마하살(文殊舍利法王子菩薩摩訶薩)[8]에게 말씀하셨다.

"그대는 이 모든 제불보살과 천룡귀신을 보았는가? 그대는 이 세계와 저 세계, 이 국토와 저 국토에서 이곳 도리천에 모인 자들의 수를 알겠는가?"

문수사리가 부처님께 말씀드렸다.

"세존이시여, 설사 저의 신통력으로 천 겁을 두고 헤아린다고 하더라도 능히 알 수 없나이다."

부처님께서 문수사리에게 말씀하셨다.

"나의 불안(佛眼)으로 헤아려도 오히려 그 수를 다 헤아리지 못할 것이니, 이는 모두 지장보살(地藏菩薩)[9]이 오랜 겁에 걸쳐서 제도하였으며 지금도 제도하며 미래에도 제도할 것이니라. 또한 이미 성취케 하였으며, 지금도 성취케 하고 미래에도 성취케 할 것이니라."

문수사리가 부처님께 말씀드렸다.

"세존이시여, 저는 과거에 오랫동안 선근(善根)을 닦아서 걸림이 없는 지혜를 얻었습니다. 그래서 부처님께서 말씀하신 바를 듣고 곧바로 믿고 받들 수 있었습니다. 그러나 소승성문과 천룡팔부(天龍八部)[10]와 미래세의 모든 중생들은, 비록 여래의 진실한 말씀을 듣고서도 반드시 의혹을 품거나, 설사 가르침을 받들어 지닌다고 할지라도 때로는 비방할 것입니다.

오직 원하옵건대 부처님께서는 지장보살마하살이 수행 시에 어떠한 행을 닦았으며, 어떠한 원력을 세웠기에 능히 이와 같은 불가사의한 일을 성취하였는지에 대하여 널리 설하여 주옵소서."

부처님께서 문수사리에게 말씀하셨다.

"비유컨대 저 삼천대천세계(三千大千世界)[11]에 있는 초목과 벼, 삼대, 대나무, 갈대와 산의 돌과 먼지를 낱낱이

효행의 경전

세어서 그 수만큼의 항하사(恒河沙)[12]가 있고 또 그 가운데 한 항하의 모래수만큼의 세계가 있다.

그리고 한 모래알로 한 세계를 삼고, 한 세계에 있는 한 티끌로 한 겁을 삼고, 한 겁 안에 있는 티끌 수를 모두 채워서 한 겁을 삼더라도, 지장보살이 십지과위(十地果位)[13]를 증득한 이래 교화한 중생의 수는 오히려 천 배나 더 많다. 하물며 지장보살이 성문·벽지불로 있을 때의 일이야 더 들어 무엇하리오?

문수사리여, 이 보살의 위신력과 서원은 불가사의하나니 만약 미래세의 어떤 선남자·선여인이 이 보살의 이름을 듣고 혹 찬탄하거나 혹은 우러러 예배하거나 혹은 그 이름을 외우거나 혹은 공양하거나 혹은 그 형상을 채색하여 새기면 이 사람은 마땅히 백 번을 삼십삼천에 날 것이며 영원히 악도(惡道)[14]에 떨어지지 않을 것이니라.

문수사리여, 이 지장보살은 저 말할 수 없이 오랜 겁 이전에 한 장자(長者)의 아들로 태어났었다.

그때 한 부처님이 계셨으니 그 부처님의 이름은 사자분신구족만행여래이셨다. 장자의 아들은 부처님의 상호가 천 가지 복으로 장엄되어 있음을 보고 곧 그 부처님께 여쭈었다.

'어떤 수행과 원력을 갖추어야만 이와 같은 상호(相好)를 얻을 수 있습니까?'

그때에 사자분신구족만행여래는 장자의 아들에게 이렇게 말했다.

'이와 같은 몸을 증득하기 위해서는 오랫동안 고통받고 있는 중생들에게 마땅히 그 고통에서 벗어나게 해 주어야 하느니라.'

문수사리여, 이 말씀을 들은 장자의 아들은 서원을 발하되 '나는 지금부터 미래세에 가히 헤아릴 수 없는 겁이 지나도록 죄업으로 고통받고 있는 육도중생(六道衆生)15)들을 위하여, 모든 방편을 사용하여 그들을 모두 해탈케 하고서야 비로소 나 자신도 불도를 이루리라' 하였다.

그 부처님 앞에 이와 같은 큰 서원을 세웠으니 그로부터 지금까지 백천만억 나유타(那由陀)16) 불가설겁 동안 항상 보살행을 닦았느니라.

또한 헤아릴 수 없는 과거 아승지겁(阿僧祇劫)[17]에 한 부처님이 계셨으니 그 명호는 각화정자재왕여래였다.

그 부처님의 수명은 사백천만억 아승지겁이니라.

그 부처님의 법이 전해지던 상법(像法)[18]의 시기에 한 바라문의 딸이 있었으니, 여러 생애 동안 닦은 복이 깊고 두터워서 대중의 존경과 사랑을 받았으며 가고, 머물며, 앉고 누울 때 여러 하늘 신들이 돕고 지켰다.

그러나 그녀의 어머니는 항상 삼보를 가벼이 여겼다. 그때 이 성녀(聖女)는 널리 방편을 베풀어, 어머니에게 비유로써 권하여 바른 견해를 내도록 하였으나, 마침내 믿음을 일으키지 못하고 오래지 않아 목숨을 마치게 되니 그는 무간지옥(無間地獄)에 떨어지고 말았다.

그때 바라문의 딸은 모친이 생전에도 인과를 믿지 않았으므로, 어머니는 업에 따라 반드시 악도(惡道)에 떨어졌음을 알고, 드디어 집을 팔아 널리 향과 꽃 등의 여러 가지 공양구를 갖추어 부처님을 모신 탑사(塔寺)에 나아가 지극한 공양을 올렸다.

그녀는 각화정자재왕여래의 상호가 그 절에 모셔진

불상과 벽화 중에서도 으뜸가는 위용인 것을 보고 홀로 우러러 보며 말했다.

'부처님은 대각(大覺)이시니 일체 지혜를 갖추고 계십니다. 만약 부처님께서 세상에 계셨더라면 돌아가신 우리 어머니가 어디로 가셨는지 여쭈어 알 수 있었을 것을…….'

바라문의 딸은 오랫동안 부처님을 우러러보며 흐느껴 울었다.

그때 문득 하늘에서 소리가 들려왔다.

'성녀여, 슬퍼하지 말라. 내가 이제 그대의 어머니가 간 곳을 일러주리라.'

바라문의 딸은 허공을 향하여 합장하고 말했다.

'어느 신덕(神德)이시기에 저의 근심을 살피시옵니까? 저는 어머니가 돌아가신 이래로 어머니가 나신 곳을 밤낮으로 생각하고 있었습니다.'

그때 공중에서 말했다.

'나는 그대가 바라보고 있는 과거의 각화정여래이니라. 그대가 어머니를 생각하는 것이 다른 중생의 생각보

다 배나 더하므로 일러주겠느니라.'

바라문의 딸은 이 말씀을 듣고 스스로 몸을 부딪쳐 팔다리가 모두 상하였다. 좌우에서 사람들이 부축하여 돌보아 한참 만에 소생한 후 다시 공중을 향하여 말했다.

'바라옵건대 부처님께서는 자비로써 저를 불쌍히 여기시어 저희 어머니가 나신 곳을 속히 일러주옵소서. 저는 오래지 않아 곧 죽을 듯합니다.'

그때 각화정자재왕여래가 성녀에게 말씀하셨다.

'그대는 공양을 마치고 일찍 집으로 돌아가서 단정히 앉아 나의 명호를 생각하면 곧 그대의 어머니가 난 곳을 알게 되리라.'

바라문의 딸은 부처님께 예배하기를 마치고 집으로 돌아와, 어머니를 생각하며 단정히 앉아 각화정자재왕여래의 명호를 외우며, 하루 밤, 하루 낮을 보낸 후, 자신이 홀연히 어느 바닷가에 있음을 알게 되었다.

그 바다를 보니 물이 펄펄 끓고 있었으며 온 몸이 쇠로 덮인 여러 악한 짐승들이 바다 위를 날아다니기도 하고 동서로 마구 달리고 있었다.

또한 백천만 명의 남자와 여자들이 물 속에서 허우적거리다가 사나운 짐승들에게 잡아먹히고 있었다. 또 야차(夜叉)들이 있었는데 그 생김새가 각각 달랐다. 손과 발이 많고 여러 개의 눈을 가졌으며 입 밖으로 튀어나온 어금니는 날카로운 칼날 같았다.

이들은 뭇 죄인들을 몰아다가 사나운 짐승에게 죽임을 당하게 하고 또 사람들을 거칠게 움켜잡아 머리와 발을 서로 엮어 괴롭게 하는 모습은 수천 가지나 되어 차마 눈뜨고 볼 수 없었다.

그러나 바라문의 딸은 부처님을 생각하는 마음으로 두려워함이 없었다.

여기에 무독(無毒)이라는 귀왕(鬼王)이 있어서 머리를 숙여 그녀를 맞으며 말했다.

'보살이시여, 무슨 일로 이곳에 오셨습니까?'

바라문의 딸이 귀왕에게 물었다.

'이곳은 어디입니까?'

무독이 말했다.

'이곳은 대철위산(大鐵圍山)[19] 서쪽의 첫 번째 바다입니

다.'

성녀가 다시 물었다.

'제가 듣건대 철위산 속에 지옥이 있다고 하는데 그것이 사실입니까?'

'실로 지옥이 이곳에 있습니다.'

'그렇다면 제가 어떻게 지옥이 있는 곳에 와 있습니까?'

'부처님의 위신력이 아니라면 업력에 의한 것입니다. 이 두 가지 힘이 아니면 이곳에 올 수가 없습니다.'

성녀가 다시 물었다.

'이 물은 무슨 이유로 끓어오르며 어찌해서 죄인과 사나운 짐승들이 이렇게 많습니까?'

무독이 대답했다.

'이들은 남염부제(南閻浮提)[20]에서 여러 가지 악업을 지은 중생들입니다. 죽은 지 49일이 지나도록 죽은 자를 위해서 공덕을 베풀고 고난에서 벗어나게 해 주는 이가 한 사람도 없고, 살아 있을 때에도 착한 일을 한 적이 없어서 그 업에 따라서 지옥에 가야 합니다.

지옥에 가는 중생들은 먼저 자연히 이 바다를 건너가야 합니다. 이 바다의 동쪽으로 십만 유순(由旬)[21]을 지나면 또 바다가 있습니다. 그곳의 고통은 이곳의 배가 되며 그 바다의 동쪽에 또 바다가 있으니 그곳의 고통도 다시 이곳의 다섯 배나 됩니다.

　이 고통은 삼업(三業)[22]으로 인해 받는 과보이므로 이곳을 일러 업의 바다라고 합니다.'

　성녀가 무독귀왕에게 다시 물었다.

　'지옥은 어디에 있습니까?'

　'이 세 바다 안이 모두 지옥입니다. 그 지옥의 종류는 백천 가지이지만 큰 지옥은 열여덟 곳이며 다음으로 오백 곳의 지옥이 있는데 그 고통은 한량없습니다.'

　'나의 어머니는 돌아가신 지 얼마 되지 않았습니다만, 혹 어느 곳에 갔는지 알 수 없습니까?'

　'보살의 어머니는 세상에 있을 때 어떤 행업을 지으셨습니까?'

　'어머니는 바르지 못한 생각으로써 삼보를 비방하였고 또 설령 믿었다고 하더라도 잠깐 믿고 곧 공경치 않

효행의 경전

았습니다. 돌아가신 지 며칠이 안 되었으니 태어나신 곳을 알 수 없습니까?'

'보살의 어머니 성씨는 무엇입니까?'

'저의 부모는 두 분 모두 바라문(婆羅門)의 후손으로서 아버지의 이름은 시라선견(尸羅善見)이며 어머니의 이름은 열제리(悅帝利)입니다.'

무독귀왕은 합장하고 보살에게 말했다.

'바라건대 보살은 슬퍼하거나 염려하지 마시고 집으로 돌아가소서. 죄업을 지은 열제리부인이 천상에 난 지 이제 사흘이 되었습니다. 효순을 행하는 딸이 어머니를 위하여 각화정자재왕여래의 탑사에 공양하고 복을 닦은 공덕으로, 보살의 어머니뿐만이 아니라 그날 이 무간지옥에 있던 죄인들도 모두 함께 천상에 태어나 즐거움을 누리고 있습니다.'

무독귀왕은 말을 마치고 합장하며 물러갔다.

바라문의 딸은 꿈인 듯 집으로 돌아와 이 일을 깨닫고 각화정자재왕여래의 탑사에 나아가 큰 서원을 세웠다.

'원하옵건대 저는 미래겁이 다하도록 죄업으로 고통받는 중생들이 있으면 널리 방편을 베풀어 제도하겠습니다.'"

부처님께서 문수사리에게 말씀하셨다.

"그때 무독귀왕은 지금의 재수보살(財首菩薩)이며, 바라문의 딸은 바로 지장보살이었느니라."

제2장

분신의 모임

—

그때 가히 셀 수도, 생각할 수도 헤아릴 수도 없는 한량없는 아승지세계의, 모든 지옥에 있던 지장보살의 분신(分身)들이 도리천궁으로 모여들었다.

또한 여래의 위신력으로 각각의 방면에서 여러 가지 해탈을 얻어 생사의 수레바퀴에서 벗어난 수많은 자들도 모두 꽃과 향을 가지고 와서 부처님께 공양드렸다.

이와 같이 함께 모인 무리들은 모두 지장보살의 교화를 받아 아뇩다라삼먁삼보리[23]에서 영원히 물러나지 않게 된 중생들이었다.

이들은 저 멀고 먼 과거세로부터 생사의 물결 속에서

표류하면서 육도(六道)의 고통을 받으면서 잠시도 쉬지 못하다가 지장보살의 광대한 자비와 깊은 서원으로 각각 도과(道果)를 얻었으며 도리천에 태어나게 되었다.

이들은 매우 기쁜 마음으로 부처님을 우러러보며 잠시도 한눈을 팔지 않았다.

그때 부처님께서 금빛 팔을 펴서 가히 생각할 수도 셀 수도 헤아릴 수도 없는 수많은 아승지세계에 있는 모든 지장보살의 화신의 이마를 어루만지시며 말씀하셨다.

"내가 오탁악세의 마음이 거친 중생들을 교화하여 그 마음을 다스려 그릇된 견해를 버리고 바른 길로 돌아오게 하였지만 열에 한 둘은 아직도 악습에 젖어 있다.

이에 나는 몸을 천백억으로 나투어 널리 방편을 베푸나니 혹 근기(根機, 능력)가 날카로운 자는 들으면 곧 믿고 지니며, 혹 선근을 지닌 자는 부지런히 권하여 성취케 하고, 혹 미혹한 자가 있으면 오랫동안 교화하여 귀의하게 하며, 혹 업장이 무거운 자는 우러러 공경하지 않는다.

이와 같이 중생들의 근기가 각각 차별이 있으므로 몸을 나누어 제도하되, 때로는 남자 몸을 나타내고, 때로는 여자 몸을 나타내며, 때로는 용의 몸을 나타내며, 귀신도 되고 산과 숲, 내, 강, 연못, 샘, 우물로 나타나 여러 중생을 이익케 한다.

이와 같이 제도하여 모두 해탈케 하며 혹은 제석(帝釋)[24]의 몸을 나타내며, 혹은 범천(梵天)의 몸을 나타내며, 혹은 전륜왕(轉輪王)[25]의 몸을 나타내며, 혹은 거사(居士)의 몸을 나타내며, 혹은 국왕(國王)의 몸을 나타낸다.

혹은 제보(帝輔)의 몸을 나타내며, 혹은 관속(官屬)의 몸을 나타내며, 혹은 비구(比丘), 비구니(比丘尼), 우바새(優婆塞), 우바이(優婆夷)의 몸을 나타내며, 혹은 성문(聲聞), 나한(羅漢), 벽지불(辟支佛), 보살 등의 몸을 나타내어 교화하여 제도하나니, 단지 부처의 몸으로만이 그 몸을 나타내는 것이 아니니라.

그대들이 보는 바와 같이 내가 여러 겁에 걸쳐서 이와 같은 수고로움을 마다하지 않고 죄업중생들을 제도하였으나, 아직도 거친 마음을 가지고 있는 제도되지 않는 중생들이 있다.

만약 그 죄업에 의해 악도에 떨어져서 큰 고통을 받게 된 것을 보게 되거든, 그대들은 마땅히 내가 이 도리천궁에서 은근히 부촉한 것을 생각하여, 사바세계에 미륵불이 나타나실 때까지 모든 중생을 다 해탈케 하여 모든 괴로움에서 영원히 벗어나게 하고 부처님의 수기(授記)를 받도록 할지니라."

그때 여러 세계에서 온 지장보살의 화신들이 다시 한몸이 되어 슬피 울면서 부처님께 아뢰었다.

"저는 먼 과거세로부터 부처님께서 인도하심에 의해 불가사의한 위신력을 얻고 대지혜를 갖추게 되었습니다.

제가 저의 분신으로 하여금 백천만억 항하사 세계에 두루 다니게 하여 한 세계마다 백천만억의 중생들을 제도하여 삼보께 귀의하도록 하며 나고 죽는 고통에서 영원히 벗어나게 하여 열반의 즐거움을 얻게 하겠습니다.

불법 가운데서 착한 일을 하되 하나의 터럭, 한 개의 물방울, 한 개의 티끌, 한 개의 머리카락에 이르기까지 제가 점차 제도하여 마침내 큰 이익을 얻도록 하겠습니다.

바라옵나니 부처님께서는 후세의 악업중생들을 걱정하지 마옵소서.”

이와 같이 세 번을 거듭 부처님께 말씀드렸다.

그때 부처님께서 지장보살을 찬탄하시며 말씀하셨다.

“참으로 훌륭하도다. 내가 그대의 기쁨을 도우리라. 그대가 오랜 과거의 겁 동안에 세운 서원을 능히 성취하여 장차 중생을 널리 제도하고 마침내 깨달음을 이루리라.”

제3장

중생의 업연

—

그때 부처님의 어머니 마야부인(摩耶夫人)이 공경하는 마음으로 합장하면서 지장보살에게 여쭈었다.

"성자여, 염부제의 중생들이 짓는 업의 차별과 받게 되는 과보는 어떠하옵니까?"

지장보살이 대답했다.

"모든 국토에는 혹 지옥이 있기도 하고, 없기도 하며, 혹 여자가 있기도 하고, 여자가 없기도 합니다. 또 성문, 벽지불도 그렇습니다. 혹 있기도 하고 없기도 하니 지옥의 죄업도 단지 하나뿐인 것은 아닙니다."

마야부인이 거듭 말했다.

"사바세계에서 죄업의 과보로 나쁜 곳에 떨어져 과보를 받는 것을 듣고 싶습니다."

지장보살이 대답했다.

"성모(聖母)시여, 제가 대강 말씀드리겠습니다."

"원하옵나니, 성자여 말씀하소서."

지장보살이 마야부인에게 말했다.

"사바세계의 죄업을 말씀드리면 이와 같습니다.

만일 어떤 중생이 부모에게 불효하고 혹은 살해까지 하였다면 무간지옥에 떨어져 천만 겁이 지나도록 벗어날 기약이 없습니다.

만약 어떤 중생이 부처님의 몸에 피를 내거나, 삼보를 헐뜯고 비방하며 경전을 존경하지 않으면, 이런 무리들도 역시 무간지옥에 떨어져 벗어날 기약이 없습니다.

만약 어떤 중생이 절의 재산에 손해를 입히거나 비구·비구니를 더럽히거나, 혹은 절간에서 방자하게 음욕을 행하거나 죽이고 해치면 이런 무리들 또한 무간지옥에 떨어져 벗어날 기약이 없습니다.

만일 어떤 중생이 마음은 사문(沙門)이 아니면서 거짓

으로 사문이 되어 삼보의 재산을 함부로 쓰고 신도들을 속이며 계율을 어기며 온갖 악행을 범한다면 이런 무리들도 무간지옥에 떨어져 벗어날 기약이 없습니다.

만약 어떤 중생이 절의 재물을 도둑질하여 재물이나 곡식, 의복을 갖는 무리들도 무간지옥에 떨어져 벗어날 기약이 없습니다.

성모시여, 만일 어떤 중생이 이와 같은 죄를 지으면 마땅히 오무간지옥(五無間地獄)에 떨어져 잠깐만이라도 고통이 멈추어지기를 원해도 그 뜻을 이룰 수가 없습니다."

마야부인이 지장보살에게 여쭈었다.

"어떤 곳을 일러 무간지옥이라고 하옵니까?"

지장보살이 말했다.

"성모시여, 모든 지옥은 대철위산(大鐵圍山) 속에 있고 대지옥은 열여덟 곳이 있으며, 그 다음으로는 오백 곳이 있으되 그 이름은 각각 다릅니다.

다음으로 천백 곳이 있으되 그 이름은 각각 다르며 무간지옥은 그 지옥의 성 주위가 팔만여 리이며, 그 성은 순전히 철로 되어 있습니다. 그 높이는 일만 리이며, 성

위에는 불덩어리가 잠시도 쉬지 않고 이글거리고 있사오며 그 지옥성 안으로는 여러 지옥이 서로 이어져 있는데 그 이름이 각각 다릅니다.

이곳에 한 지옥이 있어서 이름이 무간지옥이니 이 지옥의 둘레는 일만팔천 리요, 그 높이는 일천 리며 모두 쇠로 둘러쳐져 있고 불이 위에서 아래로 쏟아져 내려오고 아래서 위로 솟구쳐 올라가며, 쇠로 된 뱀과 개가 불을 토하면서 담장 위를 동서로 내달립니다.

지옥의 한가운데에는 넓이가 만 리나 되는 평상이 있는데, 한 사람이 죄를 받아도 자신의 몸이 그 큰 평상에 가득한 것을 보게 되고, 천만 사람이 죄를 받아도 역시 각자의 몸이 평상에 가득 찬 것을 보게 됩니다. 이는 여러 가지 죄업으로서 이와 같은 과보를 받게 되는 것입니다.

또 모든 죄인이 갖가지 고통을 고루 받는데, 천백 야차와 사나운 귀신들이 있어서 어금니는 칼날 같고, 눈은 번갯불 같으며, 손에는 구리쇠 손톱이 있어서 창자를 끄집어 내어 토막토막 자릅니다.

또 어떤 야차는 큰 쇠창으로 죄인의 몸을 찌르는데 혹은 입과 코를 찌르기도 하며, 배와 등을 찔렀다가 공중에 내던져서 다시 받아서 평상 위에 올려놓기도 합니다.

또 쇠로 된 매는 죄인의 눈을 쪼며 쇠로 된 뱀은 죄인의 몸을 감아 조이고, 긴 못을 몸에다 박기도 하며, 혀를 빼서 밭을 갈 때 죄인이 끌게 하고, 구리쇳물을 입에 붓고 뜨거운 쇠로 몸을 감아서 하루 동안에 만 번 죽었다가 다시 만 번 살아나게 됩니다.

업의 과보가 이와 같아서 억겁을 지나도 벗어날 기약이 없습니다. 또 이 세계가 무너질 때에는 다른 세계의 지옥으로 옮기고, 다른 세계가 무너지면 또 다시 다른 세계의 지옥으로 옮겼다가, 이 세계가 또 이루어지면 다시 돌아옵니다. 무간지옥의 죄보는 이와 같습니다.

이와 같이 하여 다섯 가지로 죄업의 과보를 받으므로 오무간지옥이라고 합니다.

첫째는 밤낮으로 죄를 받아 세월이 다하도록 끝나지 않으므로 무간이라고 이름합니다.

효행의 경전

둘째는 한 사람의 죄인이라도 그 지옥이 가득 차고 많은 죄인이 있더라도 그 지옥이 가득차므로 무간이라고 이름합니다.

셋째는 죄를 받는 기구로서 쇠몽둥이, 매, 뱀, 늑대, 개, 맷돌, 톱, 도끼, 끓는 가마, 쇠그물, 쇠사슬, 쇠나귀, 쇠말 등이 있으며 생가죽으로 머리를 조르고, 뜨거운 쇳물을 몸에 부으며 배고프면 뜨거운 쇠구슬을 먹고, 목마르면 뜨거운 쇳물을 마시면서 해가 가고 한량없는 겁이 다하도록 고통이 끊임없으므로 무간이라고 합니다.

넷째는 남자와 여자, 오랑캐, 늙은이와 젊은이, 귀한 이와 천한 이, 귀신, 하늘, 사람을 가리지 않고 죄를 지으면 그 업에 따라서 과보를 받는 것이 모두 평등하므로 무간이라고 합니다.

다섯째는 만일 이 지옥에 한 번 떨어지면 처음 들어갈 때부터 백천 겁에 이르도록 하루 낮 하루 밤 동안에 만 번 죽고 만 번 살아서 잠시라도 멈춤이 없으며 악업이 다 소멸해야만 비로소 다른 곳에 태어나게 됩니다.

이와 같은 고통이 계속 끊이지 않으므로 무간이라고

이름하는 것입니다. 또한 형벌의 기구와 모든 고통을 주는 벌에 대해서는 한 겁 동안이라도 다 말씀드릴 수 없습니다."

　　마야부인은 이 말을 듣고 근심과 슬픔에 차서 합장하고 예배하며 돌아갔다.

제4장
중생이 받는 업보
—

　그때 지장보살이 부처님께 말씀드렸다.

　"부처님이시여, 제가 부처님의 위신력을 입어 백천만억의 세계에 두루 이 몸을 나타내어 모든 업보중생을 구제하고 있습니다. 만일 부처님의 대자비력이 아니었다면 곧 이와 같은 변화를 부리지 못할 것입니다. 제가 이제 부처님의 부촉하신 바를 받사와 미륵부처님이 성불하실 때까지 육도중생을 모두 해탈케 하겠습니다. 바라옵건대 부처님께서는 염려하지 마십시오."

　부처님께서 지장보살에게 말씀하셨다.

　"일체 중생이 해탈을 얻지 못하는 것은 뜻과 성품이

정해진 것이 없어서 나쁜 습관으로 업을 맺고, 착한 습관으로 결과를 맺으므로 착하기도 하고, 혹은 악하기도 하여 그 결과에 따라서 태어나게 된다. 그와 같이 육도를 윤회하여 잠시도 쉼이 없다.

또한 티끌같이 수많은 겁이 지나도록 미혹하여 마치 그물 속에 갇힌 고기가 그물 안의 물이 흐르는 물인 줄 착각하며 잠시 벗어났다가 다시 그물에 걸리는 것과 같다.

이와 같은 중생들을 내가 근심하였는데 그대가 이미 과거의 수많은 겁 동안의 서원을 실천하여 죄업중생들을 제도하겠다고 하니 내가 다시 무엇을 염려하겠는가?"

그때 자리에 있던 정자재왕보살이 부처님께 말씀드렸다.

"부처님이시여, 지장보살은 여러 겁을 지나오면서 어떠한 서원을 세웠기에 이와 같이 부처님의 칭찬을 받습니까? 바라옵건대 부처님께서 설하여 주옵소서."

그때 부처님께서 정자재왕보살에게 말씀하셨다.

"자세히 듣고 잘 생각할지어다. 내가 그대를 위하여

효행의 경전

분별하여 설하리라. 저 과거의 헤아릴 수 없는 무량아승지 겁 이전의 일이니라.

그때 한 부처님이 계셨으니 그 이름은 일체지성취(一切智成就), 여래(如來),[26] 응공(應供), 정변지(正遍智), 명행족(明行足), 선서(善逝), 세간해(世間解), 무상사(無上師), 조어장부(調御丈夫), 천인사(天人師), 불(佛), 세존(世尊)이셨으며 수명은 6만 겁이었다. 이 부처님이 출가하기 전에는 작은 나라의 왕이 되어 이웃 나라 왕과 더불어 벗이 되어 함께 십선(十善)[27]을 행하여 널리 중생들을 이롭게 하였다.

그러나 그 이웃 나라 백성들이 여러 가지 악한 일을 행해서 두 왕은 널리 선한 방편을 베풀 것을 의논하였다.

한 왕은 이와 같이 발원하였다.

'내가 어서 깨달음을 이루어 이러한 무리들을 남김없이 제도하리라.'

또 한 왕은 이렇게 발원하였다.

'만일 죄 받는 중생이 있으면 먼저 제도하여 그들로 하여금 편안케 하고, 깨달음을 이루지 못하면 마침내 홀로 성불하기를 원하지 않겠노라.'"

부처님께서 정자재왕보살에게 계속 말씀하셨다.

"먼저 성불하기를 발원한 왕은 곧 일체지여래였으며, 죄업중생을 영원히 제도하고 성불하기를 원하지 않았던 왕은 바로 지장보살이었다.

또 한량없는 과거의 아승지겁에 한 부처님이 세상에 나타나셨으니 그 부처님의 이름은 청정연화목여래이시고 수명은 40겁이셨다.

그 부처님의 상법(像法)시대에, 한 나한이 있어 복을 베푸는 것으로써 중생을 제도하였다. 인연에 따라 중생들을 교화하다가 광목(廣目)이라는 한 여자를 만났더니 음식을 대접하기에 나한이 물었다.

'그대는 무엇을 원하는가?'

'저는 어머니가 돌아가신 날을 기하여 명복을 빌어 구해드리려고 하지만 어머니가 어느 곳에 태어났는지 알지 못합니다.'

나한이 불쌍히 여기고 선정바라밀에 들어 광목의 어머니가 간 곳을 알아보니 지옥에 떨어져 모진 고통을 받고 있었다.

나한은 광목에게 물었다.

'그대의 어머니는 세상에 있을 때 어떤 업을 지었는가? 지금 그대의 어머니는 지옥에 떨어져 고통을 받고 있느니라.'

'제 어머니는 습성이 물고기와 자라 같은 것을 즐겨 먹었으며 그 중에서도 고기알 같은 것을 즐겨 먹었습니다. 때로는 구워먹고, 때로는 쪄서 마음껏 먹었으니 그 수가 천만 마리는 더 될 것입니다. 존자께서는 불쌍히 여기셔서 제 어머니를 제도하여 주십시오.'

나한은 광목을 가엾게 여기고 다음과 같이 일러주었다.

'그대는 지극한 정성으로 청정연화목여래를 생각하고 그 부처님의 형상을 그려서 모시면 산 사람이나 죽은 사람이나 모두 좋은 과보를 얻게 되리라.'

광목은 나한의 말을 듣고 곧 아끼는 물건을 바쳐서 불상을 그려 모시고 공양을 올리며 더욱 공경하는 마음으로 우러러 예배하였다. 문득 새벽녘 꿈에 부처님을 뵈오니 금빛이 찬란하기가 마치 수미산과 같았다.

그 부처님께서 광목에게 이르셨다.

'너의 어머니가 오래지 않아 너의 집에 태어나리니 배고픔과 추위를 겨우 느낄 만하면 곧 말을 할 것이니라.'

얼마 뒤 광목의 집에 있는 하녀가 자식을 낳으니 사흘이 못 되어 머리를 숙여 슬피 울면서 광목에게 말했다.

'나고 죽는 업연의 과보는 스스로 받기 마련이다. 나는 너의 어미이다. 오래 어두운 곳에 있었다. 너와 이별한 뒤 여러 번 큰 지옥에 떨어졌다가 이제 너의 복력을 입어 미천한 사람의 몸으로 태어났으나 단명하여 나이 열세 살이 되면 죽어서 다시 악도에 떨어질 것이다. 네가 나의 업보를 벗어나게 할 방법은 없느냐?'

광목은 이 말을 듣고 슬피 울면서 자기 어머님임을 의심치 않고 하녀의 자식에게 말했다.

'당신께서 저의 어머니시라면 스스로 지은 죄를 이미 아시지 않습니까? 어떤 업을 지으셨기에 악도에 떨어지셨습니까?'

'살생의 악업과 삼보를 비방한 업을 지어 악도에 떨어

지는 과보를 받았다. 만일 네가 복을 지어 나를 고난에서 구제해 주지 않았더라면 나는 이와 같은 업에서 도저히 벗어날 수 없었을 것이다.'

광목이 물었다.

'지옥에서 받던 죄의 과보는 어떠했습니까?'

'지옥에서 받던 죄의 과보는 차마 말로 할 수 없다. 백천 년을 두고 말하더라도 다 말할 수 없을 것이다.'

광목은 이 말을 듣고 눈물을 흘리며 허공을 향해 말했다.

'원하옵나니 저의 어머니를 지옥에서 영원히 벗어나게 해 주소서. 열세 살에 목숨을 마치고는 다시 무거운 죄보로 악도에 들어가지 않게 하옵소서.

시방에 계신 모든 부처님이시여, 자비로써 저를 불쌍히 여기시고 제가 어머니를 위하여 일으키는 큰 서원을 들어주옵소서. 만일 어머니가 삼악도(三惡道)와 미천한 신분과 여인의 몸까지 버리고 영겁이 지나도록 죄의 과보에서 벗어나게 해 주신다면, 제가 청정연화목여래의 상 앞에서 맹세하겠습니다.

오늘부터 무수한 세계의 지옥과 삼악도에서 고통받고 있는 모든 중생들을 맹세코 제도하여 지옥·축생·아귀의 몸에서 영원히 벗어나게 하며, 이와 같은 무리들을 모두 다 성불하게 한 뒤에 제가 비로소 올바른 깨달음을 얻도록 하겠습니다.'

광목이 이와 같은 서원을 발하자 청정연화목여래께서 감응하여 말씀하셨다.

'광목이여, 그대가 큰 자비로 어머니를 위하여 이렇게 큰 서원을 세웠구나. 내가 보건대 그대의 어머니는 열세 살이 되면 이 과보를 버리고 바라문으로 태어나서 백 세까지 살 것이다. 그 후에는 근심이 없는 국토에 태어나서 헤아릴 수 없는 겁을 살다가 불과(佛果)를 이루고 항하사의 모래알 같은 수많은 인간과 천상의 중생들을 널리 제도하리라.'"

석가모니 부처님께서 정자재왕보살에게 다시 말씀하셨다.

"그때 광목을 복으로써 인도한 나한은 바로 무진의보살이며, 광목의 어머니는 곧 해탈보살이며, 딸이 되었던

효행의 경전

광목은 곧 지장보살이다.

과거의 오랜 겁을 지나오는 동안 지장보살은 이토록 자비로써 불쌍히 여기고 항하사의 모래알과 같은 많은 서원을 세우고 중생들을 널리 제도하였다.

앞으로 오는 세상에 만일 남자나 여자로서 착한 일을 하지 않는 자, 악한 일을 하는 자, 인과를 믿지 않는 자, 사음, 거짓말, 이간질하고 악담하는 자, 대승법을 믿지 않는 자는 모두 악도에 떨어질 것이다.

만일 선지식을 만나 그의 가르침으로 손가락을 한 번 튕기는 사이라도 지장보살에게 귀의하면 이 모든 중생은 곧 삼악도의 죄업에서 풀려날 것이다.

만일 지극한 마음으로 귀의하여 공경하고 예배찬탄하는 사람은 미래 세상의 헤아릴 수 없는 많은 세월을 항상 여러 하늘에 살면서 묘한 안락을 얻을 것이다. 또한 천상의 복락이 다해 다시 인간세상에 태어나더라도 능히 제왕이 되어서 숙세의 인과를 기억하게 될 것이니라.

정자재왕보살이여, 이와 같이 지장보살에게는 불가사의한 큰 위신력이 있어서 널리 중생을 이롭게 하느니라.

그대들 보살들은 마땅히 이 경을 쓰고 널리 펴서 전하도록 할지니라."

정자재왕보살이 부처님께 사뢰었다.

"부처님이시여, 바라옵건대 염려하지 마옵소서. 저희 수많은 보살들이 반드시 부처님의 위신력을 받들어 널리 이 경을 설하여 염부제의 중생들에게 이익토록 하겠습니다."

정자재왕보살이 부처님께 이와 같이 아뢰고 합장예배하면서 물러갔다.

그때 사방의 천왕이 함께 자리에서 일어나 합장하고 부처님께 여쭈었다.

"부처님이시여, 지장보살은 과거 오랜 겁을 지나오면서 이와 같이 큰 서원을 발하였는데 어찌하여 지금까지 중생들을 모두 제도하지 못하고 다시 넓고 큰 서원을 발하옵니까? 바라옵건대 저희들을 위하여 말씀해 주옵소서."

부처님께서 사천왕에게 말씀하셨다.

"참으로 장하다. 내가 이제 그대들과 미래·현재의 하

늘과 모든 인간 중생들에게 널리 이익을 주기 위하여, 지장보살이 사바세계에서 고통받고 있는 일체 중생을 구제하고 해탈케 하는 방편을 설하겠노라."

사천왕이 부처님께 말씀드렸다.

"부처님이시여, 바라옵건대 기꺼이 듣고자 하옵니다."

부처님께서 말씀하셨다.

"지장보살은 오랜 겁을 지나 지금에 이르기까지 많은 중생들을 제도하여 해탈케 하였지만, 그 서원은 아직도 다하지 않았느니라.

자비스러운 마음으로서 이 세상의 고통받는 중생들을 불쌍히 여기며 한량없는 겁 동안 업의 인연이 끊이지 않음을 너무나 많이 보게 되므로 다시 또 원을 발하게 되는 것이니라.

이와 같은 보살은 사바세계 염부제 안에서 백천만억 가지의 방편으로 중생들을 교화하고 있다.

사천왕이여, 지장보살은 만일 중생을 죽이는 이를 보면 태어나게 될 때마다 재앙이 있고 단명하게 되는 과보를 받는다고 설해 줄 것이다.

만일 도둑질하는 이를 보면 가난으로 고통받는 과보를 설해 줄 것이며, 만일 사음하는 사람을 보면 비둘기, 공작, 원앙새의 과보를 설해 준다.

만일 거칠게 말하는 사람을 보면 항상 친지와 싸우는 과보를 말해 주고, 만일 사람을 비방하는 이를 보면 혀가 없고 입에 창병이 나는 과보를 말해 준다.

만일 화내는 사람을 보면 얼굴이 사납게 일그러지는 과보를 말해 주며, 만일 간탐하고 인색한 사람을 보면 구하는 것이 뜻대로 구해지지 않는 과보를 말해 주며, 만일 음식을 법도 없이 먹는 사람을 보면 배고프고 목마르고 목에 병이 나는 과보를 말해 준다.

만일 사냥하기를 좋아하는 사람을 보면 놀라거나 미쳐서 죽는 과보를 말해 주며, 만일 어버이에게 불효하는 이를 보면 천재지변으로 죽는 과보를 말해 준다.

만일 산과 숲에 불을 지르는 사람을 보면 실성해서 죽는 과보를 말해 주고, 만일 어느 생에서나 부모에게 악독하게 하는 사람을 보면 내생에 바뀌어 나서 매를 맞는 과보를 말해 주며, 만일 그물로 새를 잡는 사람을 보면 골육간에 서로 이별하는 과보를 말해 준다.

만일 불법승 삼보를 비방하는 사람을 보면 눈 멀고 귀 멀고 벙어리가 되는 과보를 말해 주고, 만일 불법을 가벼이 여기고 불교를 업신여기는 사람을 보면 영원히 악도에 떨어지는 과보를 말해 준다.

만일 절의 재물을 마음대로 쓰는 사람을 보면 억겁 동안 지옥에서 윤회하는 과보를 말해 주며, 만일 청정한 행을 더럽히고 스님을 속이는 이를 보면 영원히 축생으로 윤회하는 과보를 말해 준다.

만일 끓는 물, 불, 무기로 생명을 죽이는 이를 보면 윤회하면서 서로 끊임없이 앙갚음하는 과보를 말해 주며, 만일 계를 파하는 이를 보면 새나 짐승이 되어 굶주리는 과보를 말해 준다.

재물을 바르게 쓰지 않고 낭비하는 사람을 보면 구하는 바가 막히고 끊어지는 과보를 말해 주며, 만일 아만이 많은 이를 보면 미천한 종이 되는 과보를 말해 준다.

만일 두 말로 이간질시켜서 싸움을 하게 만드는 자는 혀가 없거나 혀가 백이나 되는 과보를 말해 주며, 만일 샷된 소견으로 어리석은 사람을 보면 변방에 태어나는 과보를 말해 줄 것이다.

이와 같이 염부제의 중생들이 몸과 입과 생각으로 짓는 악업의 결과로 받게 되는 백천 가지 과보를 말하였느니라. 이와 같이 염부제 중생이 지은 악업의 과보의 차이에 따라 지장보살은 백천 가지 방편으로 교화하고 있건만, 중생들은 이와 같은 죄의 업보를 미리 받고 뒤에 지옥에 떨어져 여러 겁이 지나도록 벗어날 기약이 없다. 그러므로 그대들은 사람과 나라를 보호하여 이 모든 죄업으로 중생을 미혹하게 만들지 말지어다."

사천왕은 이 말씀을 듣고 눈물을 흘리고 슬피 탄식하면서 합장하고 물러갔다.

제5장

지옥의 이름
—

　그때 보현보살이 지장보살에게 말했다.

　"지장보살이시여, 바라옵나니 천신과 인간, 용, 팔부신중(八部神衆)과 미래·현재의 일체 중생을 위해서, 사바세계 죄업중생이 받는 지옥의 이름과 과보를 받는 일을 말씀하시어 미래세의 말법중생들로 하여금 그 과보를 알게 하소서."

　지장보살이 대답했다.

　"어진 이여, 내가 이제 그대에게 부처님의 위신력과 대사의 힘을 받들어 지옥의 이름과 죄의 과보에 대해서 간략히 말하겠습니다.

염부제 동쪽에 산이 있는데 이름은 철위산이며 그 산은 어둡고 깊어서 해와 달도 비추지 못합니다. 여기에 큰 지옥이 있는데 이름하여 무간지옥(無間地獄)이라 하며, 또 지옥이 있는데 이름하여 대아비지옥(大阿鼻地獄)이라고 하며, 또 다른 지옥은 이름하여 사각(四角)이라고 합니다.

또 비도지옥(飛刀地獄), 화전지옥(火箭地獄), 협산지옥(夾山地獄), 통창지옥(通槍地獄), 철거지옥(鐵車地獄), 철상지옥(鐵床地獄), 철우지옥(鐵牛地獄), 철의지옥(鐵衣地獄), 천인지옥(千刃地獄), 철려지옥(鐵驢地獄), 양동지옥(洋銅地獄), 포주지옥(抱柱地獄), 유화지옥(流火地獄), 경설지옥(耕舌地獄), 좌수지옥(剉首地獄), 소각지옥(燒脚地獄), 담안지옥(啗眼地獄), 철환지옥(鐵丸地獄), 쟁론지옥(諍論地獄), 철부지옥(鐵鈇地獄), 다진지옥(多瞋地獄)이 있습니다."

지장보살이 또 말했다.

"철위산 속에는 이와 같은 지옥들이 수없이 있습니다. 또한 규환지옥(叫喚地獄), 발설지옥(拔舌地獄), 분뇨지옥(糞尿地獄), 동쇄지옥(銅鎖地獄), 화상지옥(火象地獄), 화구

지옥(火狗地獄), 화마지옥(火馬地獄), 화우지옥(火牛地獄), 화산지옥(火山地獄), 화석지옥(火石地獄), 화상지옥(火床地獄), 화량지옥(火梁地獄), 화응지옥(火鷹地獄), 거아지옥(鋸牙地獄), 박피지옥(剝皮地獄), 음혈지옥(飮血地獄), 소수지옥(燒手地獄), 소각지옥(燒脚地獄), 도자지옥(倒刺地獄), 화옥지옥(火屋地獄), 철옥지옥(鐵屋地獄), 화낭지옥(火狼地獄) 등이 있습니다.

이러한 여러 지옥 속에는 또 각각 작은 지옥들이 있는데 하나에서 둘, 셋, 넷, 백천까지 있으니 그 이름이 각각 다릅니다."

지장보살이 또 다시 보현보살에게 말했다.

"어진 이여, 이 여러 가지 지옥들은 모두 사바세계에서 악업을 지은 중생들의 업력으로 생겨난 것입니다.

업의 힘은 매우 커서 능히 수미산과 겨룰 만하며 깊고 큰 바다와 같아서 성도(成道)의 길을 방해합니다.

그러므로 중생들은 아무리 작은 악이라도 죄가 되지 않는다고 가벼이 여기지 말아야 합니다. 아무리 작은 악이라도 죽은 뒤에는 과보를 받아야 하며, 부모와 자식

사이라도 가는 길이 각각 다르고 비록 서로 만날지라도 죄업을 대신 받을 수 없습니다.

내가 이제 부처님의 위신력을 받들고 지옥에서 죄업의 과보를 받는 일을 말하리니 잘 들어보시기 바랍니다."

보현보살이 대답했다.

"내가 삼악도(三惡道)의 업보를 안 지는 오래 되었습니다. 지금 다시 이렇게 바라는 바는 후세 말법시대의 모든 악업중생들이 지장보살의 말씀을 듣고 불법으로 돌아오게 하려는 것입니다."

지장보살이 말했다.

"지옥의 업보는 이와 같습니다. 어떤 지옥은 혀를 뽑아서 소로 하여금 갈게 하고, 어떤 지옥은 죄인의 심장을 꺼내어 야차(夜叉)[28]가 먹으며, 어떤 지옥은 물을 펄펄 끓여 몸을 삶습니다.

어떤 지옥은 벌겋게 달군 구리쇠 기둥을 죄인들로 하여금 끌어안게 합니다. 어떤 지옥은 맹렬하게 타오르는 불더미를 죄인의 몸에 덮어 씌웁니다.

어떤 지옥은 언제나 차가운 얼음만으로 이루어져 있으며, 어떤 지옥은 한량없는 똥과 오줌뿐입니다.

어떤 지옥은 쇠뭉치가 날아서 죄인을 쫓아오며, 어떤 지옥은 불창으로 찌릅니다. 어떤 지옥은 몽둥이로 가슴과 배를 때리며, 어떤 지옥은 손발을 태웁니다.

어떤 지옥은 쇠뱀이 달려들어 몸을 칭칭 감아 조이며, 어떤 지옥은 몸이 쇠로 된 개가 달려들며, 어떤 지옥은 불에 달군 쇠로 된 나귀를 타게 합니다.

이와 같은 업보를 받는 지옥마다 백천 가지의 형구(刑具, 고통을 주는 기구)가 있는데, 모두 구리·무쇠·돌·불로 되어 있습니다. 이 네 가지 물건은 여러 가지 업의 작용을 나타내는 것입니다.

만약 지옥의 업보에 대하여 자세히 말한다면 각각의 지옥마다 다시 백천 가지의 고통이 있는데 하물며 다른 지옥의 고통들은 더 말할 바가 있겠습니까?

내가 이제 부처님의 위신력과 보현보살의 물음을 받들어 간략히 말했으나 만일 상세히 말하고자 한다면 겁이 다하더라도 다 말할 수 없을 것입니다.”

제6장

여래의 찬탄

—

　그때 세존께서 온 몸에 대광명을 놓으사 항하사와 같은 모든 부처님의 세계를 두루 비추시고, 큰 음성을 발하여 모든 부처님 세계의 일체 보살과 천신과 인간과 용, 귀신, 인비인(人非人)29)에게 말씀하셨다.

　"내가 오늘 시방세계에서 불가사의한 큰 위신력과 자비의 힘으로써 온갖 업보의 고통을 받는 중생들을 구호하는 지장보살의 일을 드높이 찬탄하리라. 내가 멸도한 뒤에 그대들 모든 보살과 천, 용, 귀신들은 널리 방편으로 이 경전을 지킬 것이며 일체 중생으로 하여금 모든 고통을 버리고 열반의 기쁨을 얻게 하라."

이와 같이 말씀하시자 그 자리에 있던 보광보살이 합장하고 부처님께 아뢰었다.

"지금 부처님께서는 지장보살에게 불가사의한 대위신력이 있음을 찬탄하셨습니다. 오직 바라옵건대, 부처님께서는 미래세의 말법중생을 위하여 지장보살이 인간과 천상을 이익케 하는 인과에 대해서 말씀해 주십시오. 그리하여 모든 천과 용, 팔부신중(八部神衆)과 미래세 중생으로 하여금 부처님의 말씀을 받들게 하여 주십시오."

그때 부처님께서 보광보살과 비구, 비구니, 우바새, 우바이에게 말씀하셨다.

"내가 마땅히 그대들을 위하여 지장보살이 인간과 천상을 이익케 하는 복덕에 대하여 간략히 말하겠느니라."

보광보살이 부처님께 아뢰었다.

"부처님이시여, 기꺼이 듣고자 하나이다."

부처님께서 말씀하셨다.

"만일 미래세에 어떤 선남자·선여인이 지장보살의 명호를 듣고서 합장하는 이와 찬탄하는 이, 예배하는 이, 흠모하는 이는 삼십 겁 동안 지은 죄에서 벗어나리라.

보광보살이여, 만일 어떤 선남자·선여인이 지장보살의 상을 그리거나 혹은 흙, 돌, 아교, 금, 은, 동, 철로써 이 보살상을 조성하여 모시고 한 번이라도 예배하는 이는 백 번이나 삼십삼천(三十三天)[30]에 태어나고 영원히 악도에 떨어지지 않으리라.

혹 천상에서의 복이 다해 인간세상에 태어난다고 해도 오히려 국왕이 되어서 큰 이익을 받으리라.

만일 어떤 여자가 여자의 몸을 싫어한다면 정성을 다해 지장보살의 탱화나 화상에 공양하되 날마다 물러서지 않고 항상 꽃, 향, 음식, 의복, 비단, 당(幢)이나 번(幡),[31] 돈, 보배로써 공양하면 이 여인은 한번 받은 여자의 몸이 다하면 백천만 겁이 지나도록 다시는 여인이 있는 세계에 태어나지도 않을 것이니 어찌 다시 여자의 몸을 받으리오.

다만 자비 원력으로 중생을 제도하기 위해서 짐짓 받는 여자의 몸은 말할 것이 없을 것이니라. 지장보살께 공양한 힘과 공덕의 힘을 입은 까닭에 천만 겁이 지나도록 다시는 여자의 몸을 받지 않을 것이니라.

효행의 경전

보광보살이여, 또 만일 어떤 여인이 몸이 추하고 질병이 많으면, 지장보살상 앞에서 지극한 마음으로 한나절만 우러러 지극히 예배하더라도, 이 사람은 천만 겁 동안 태어나는 몸이 원만하고 모든 질병이 없을 것이다.

이 여인이 만약 여자의 몸을 싫어하지 않는다면 곧 천만억 겁 동안 항상 왕녀·왕비가 되고 재상이나 명문가의 딸이 되어 단정하게 태어나게 되고 모든 형상이 아름답게 갖추어지리라.

지극한 마음으로 지장보살을 우러러 예배한 까닭에 이와 같은 복덕을 얻느니라.

보광보살이여, 만일 선남자·선여인이 지장보살상 앞에서 모든 풍류와 소리로 찬탄하며, 꽃과 향으로써 공양하고 한 사람이나 여러 사람에게 권하더라도, 이 사람은 현재세와 미래세에 항상 귀신들이 밤낮으로 보호해서 악한 일은 귀에 들리지 않게 하리니 하물며 횡액을 받으리오.

보광보살이여, 미래세에 악한 사람과 악한 귀신이 있어서 선남자·선여인이 지장보살께 귀의하고, 공경하며,

공양찬탄하는 예를 보고 망령되이 희롱하고 비방할지도 모른다.

그 악한 귀신은 아무 공덕이 없다고 비방하면서 이를 드러내어 비웃거나 혹은 다른 사람을 시켜 비웃게 하고 혹 한 사람, 여러 사람에게 비난하여 한 생각이라도 헐뜯고 비방한다면 이는 헤아릴 수 없는 많은 겁이 지나 천불이 멸도한 뒤에라도 삼보를 비방한 죄로 아비지옥에 떨어져 가장 무거운 죄를 받게 될 것이다.

또한 이 겁이 지나면 겨우 아귀가 되고, 천 겁이 지나면 축생이 되고, 또 천 겁이 지난 후 비로소 사람의 몸을 얻게 될 것이니라.

비록 사람의 몸을 얻었다고 할지라도 가난하고 미천하며 불구가 되고 악업이 몸에 배어 있어서 오래지 않아 다시 악도에 떨어질 것이니라.

보광보살이여, 다른 사람이 공양 올리는 것을 비방하면 오히려 이와 같은 과보를 받거늘 하물며 악한 마음을 내어서 희롱하고 훼방하는 것은 말할 것도 없느니라.

보광보살이여, 또 미래세에 그런 사람은 병들어서 오

래도록 누워 있게 되며 살고자 하거나 혹은 죽고자 하여도 마음대로 되지 않느니라.

혹은 꿈에 악한 귀신과 집안 친척이 보이며 혹은 험한 길을 헤매기도 하며 가위눌리고, 귀신과 함께 놀며, 날이 감에 따라 몸은 점점 파리해지고 야위어서, 잘 때에도 소리치며 괴로워하느니라.

이것은 다 업의 길[業道]에서 죄의 경중을 결정하지 못하였으므로 죽기도 어렵고, 나을 수도 없게 된 것이니 사람의 평범한 눈으로는 판단할 수 없느니라.

이런 때에는 다만 모든 부처님과 보살의 형상 앞에서 큰 소리로 이 경을 한 번이라도 읽고 병든 사람이 아끼는 물건이나 의복, 보배, 장원이나 사택을 놓고 병자 앞에서 큰 소리로 외칠지니라.

'우리들이 그대를 위하여 경전과 불상을 모시고 이 재물을 바칩니다. 또 경전과 불상을 공양하고 부처님과 보살의 형상을 조성하고 탑과 절을 짓고 등불을 켜고 절에 보시합니다.'

이와 같이 두 번, 세 번 축원하여 병자가 알아 듣도

록 하라. 만약 병자가 의식이 흩어지고 기진해 있을지라도 하루, 이틀, 사흘 내지 칠 일 동안 높은 소리로 이것을 말해 주고 높은 소리로 이 경전을 독송하면, 병자는 목숨을 마친 다음 오무간지옥에 들어갈 사람이라도 영원히 깨달음을 얻을 것이다. 또한 태어나는 곳마다 항상 숙업을 알 것이니라.

선남자·선여인이 스스로 이 경을 독송하고 한 생각이라도 이 경을 찬탄하며, 이 경을 공경하는 이를 보거든 그대는 갖가지 방편으로 이 사람들에게 권하여 부지런한 마음으로 물러남이 없도록 하면, 반드시 미래와 현재에 불가사의한 백천만억의 공덕을 얻게 될 것이니라.

보광보살이여, 만일 미래세에 모든 중생이 꿈이나 잠결에 귀신이 보이되 그들이 슬피 울며, 근심하고 탄식하며, 두려워하고 겁내는 것을 보게 되는 것은 모두 한 생이나 열 생·백 생·천 생의 과거로부터 부모·형제·부부·친척들이 악도에서 벗어나지 못하였기 때문이니라.

또한 그들의 고통을 복력으로 구해 줄 이가 아무도 없으므로 숙세의 혈육에게 호소하여 벗어나게 되기를 간

절히 원하는 것이다.

보광보살이여, 그대는 위신력으로 이들로 하여금 모든 부처님과 보살상 앞에서 지극한 마음으로 스스로 이 경을 읽거나 혹은 사람을 청하여 세 번, 일곱 번 읽게 하라.

그리하면 악도에 있는 친척들이 경 읽는 소리가 끝나는 대로 곧 깨달음을 얻어 꿈이나 잠결에서도 귀신이 다시 보이지 않게 된다.

보광보살이여, 미래세에 태어난 미천한 사람, 혹은 노비나 부자유한 사람들이 전세의 죄업임을 깨닫고 참회하고자 하거든, 지극한 마음으로 지장보살의 형상에 우러러 절하면서 칠 일 동안 보살의 명호를 외워서 만 번을 채우라.

그 사람은 과보가 다한 뒤에 천만 생 동안 항상 높고 귀한 집에 태어나며 다시는 삼악도의 고통을 겪지 않게 되느니라.

보광보살이여, 만약 미래세에 염부제에 사는 왕족이나 바라문·장자·거사나 다른 종족에 새로 태어나는 사람으로 남자든 여자든 칠 일 이내에 이 불가사의한 경전을 읽어주고 또한 보살의 이름 부르기를 만 번 채우라.

새로 태어나는 아기는 전세에 지은 업보가 다 풀리고 안락하게 잘 자라고 수명이 늘어날 것이니라. 또한 복을 타고난 아이라면 더욱 잘 자라게 될 것이니라.

보광보살이여, 미래세의 중생은 달마다 1일, 8일, 15일, 18일, 23일, 24일, 28일, 29일, 30일에는 모든 죄업을 모아서 그 무겁고 가벼움을 결정하느니라.

남염부제의 중생들이 행동하고 생각하는 것 가운데 죄 아닌 것은 없다. 그런데 하물며 방자한 마음으로 살생하고 도둑질하며, 사음하고 거짓말하는 갖가지 죄의 모습에 있어서랴?

만약 십재일에 부처님과 보살과 모든 성현의 형상 앞에서 이 경을 한 번 읽으면 동서남북 백 유순 안에서는 모든 재난이 없어질 것이며 그가 사는 집안의 어른이나 아이들이 현재와 미래의 백천 세에 영원히 악도(惡道)에서 벗어날 것이니라.

또 십재일마다 이 경을 한 번 읽으면 현세에 그 집안

의 모든 횡액이나 질병이 없어지고 의복과 먹을 것이 풍족해지느니라.

그러므로 보광보살이여, 지장보살에게는 이와 같이 말할 수 없는 백천만억의 큰 위신력과 이익이 있음을 알아야 하느니라.

염부제의 중생이 지장보살과 큰 인연이 있으니 모든 중생이 이 보살의 이름을 듣고 보살의 형상을 보며 이 경의 세 글자, 다섯 글자 혹은 한 게송, 한 구절이라도 듣는 이는 현재에 안락하며 미래세에 항상 단정한 몸을 받고 존귀한 가문에 태어나게 되느니라."

그때 보광보살이 부처님께서 지장보살을 찬탄하심을 듣고서 무릎을 꿇어 합장하고 다시 부처님께 여쭈었다.

"부처님이시여, 저는 이미 지장보살의 불가사의한 위신력과 거룩한 서원의 힘을 알았습니다. 그러나 미래세의 중생들을 이익케 하기 위해서 짐짓 부처님께 여쭈옵니다. 바라옵건대 자비로써 들어 주옵소서. 이 경의 이름을 무엇이라고 하며 저희들은 이 경을 어떻게 펴야 하겠습니까?"

부처님께서 보광보살에게 말씀하셨다.

"이 경에는 세 가지 이름이 있나니라. 첫째 이름은《지장보살본원경(地藏菩薩本願經)》이며, 둘째 이름은《지장보살본행경(地藏菩薩本行經)》이며, 셋째 이름은《지장보살본서원력경(地藏菩薩本誓願力經)》이니라.

지장보살은 멀고 먼 겁을 지나오면서 큰 서원을 발하여 중생들을 이익케 하여 왔느니라. 그러므로 그대들은 이 원력에 따라 유포하도록 할지니라."

보광보살은 부처님의 말씀을 깊이 새겨 듣고 신심으로 받들어 합장예배하고 물러갔다.

제7장

모든 목숨을 이익케 함

—

그때 지장보살이 부처님께 아뢰었다.

"부처님이시여, 제가 이 염부제의 중생들을 살펴보니 발을 내딛고 생각하는 모든 것이 죄업 아닌 것이 없습니다. 혹 훌륭한 사람을 만나더라도 대개 처음 발한 좋은 마음을 잃고 맙니다. 혹 나쁜 인연을 만나면 생각생각마다 나쁜 생각이 더해 갑니다.

이와 같은 사람은 마치 진흙 구덩이에서 무거운 짐을 지고 걷는 것과 같아서, 점점 지치고 더욱 깊숙한 구렁으로 빠지는 것과 같습니다. 다행히 선지식을 만나면 그 무거운 짐을 덜어 주거나 혹은 책임져 주기도 합니다. 이것은 선지식에게 큰 힘이 있기 때문입니다.

그리고 다시 서로 도와서 다리를 튼튼하게 만들며 평지에 이르러서는 험한 길을 살펴보고 다시는 그 길에 들어가지 않게 합니다.

부처님이시여, 악을 익힌 중생들은 하찮고 보잘것 없는 일에서조차 한량없는 죄를 저지르고 맙니다.

이와 같은 악습에 젖은 중생들이 목숨을 마칠 때 가족이 마땅히 그를 위해 복을 베풀어 주되 깃발을 달고, 등불을 밝히며 경전을 읽어 주며 혹은 불상과 성상에 공양하며, 부처님과 보살, 벽지불의 명호를 독송하되, 한 분의 명호를 외우더라도 임종하는 사람의 귀에 들리게 해야 합니다. 이 사람은 그 공덕으로 인하여 그가 지은 죄업으로는 반드시 악도에 떨어질 것이나, 그 가족들이 임종하는 사람을 위하여 좋은 인연을 닦았으므로 이와 같은 여러 가지 죄가 다 없어질 것입니다.

만일 그 중생이 죽은 뒤 49일 안에 여러 가지 좋은 복을 닦으면 그 중생은 능히 나쁜 곳을 영원히 벗어나게 될 것입니다.

또한 인간이나 천상에 태어나서 큰 즐거움과 복을 받을 것이며 현생의 가족들도 한량없는 이익을 받을 것입니다.

그러므로 제가 이제 부처님과 천신과 인간, 용, 팔부신중들에게 바라옵나니, 사바세계의 중생들에게 임종하는 날 살생하지 말고 삼가 악한 인연을 짓지 말며, 귀신이나 도깨비에게 절하는 일을 하지 말도록 권하여 주십시오.

왜냐하면 살생을 하면서까지 제사지내는 것은 털끝만큼도 죽은 이에게는 이익됨이 없고, 다만 나쁜 인연만을 맺어 죄를 더욱 깊고 무겁게 할 뿐이기 때문입니다.

만일 현세나 내세에 좋은 일을 해서 인간이나 천상에 태어나게 되었더라도 임종할 때 그 가족들이 악한 인연을 짓게 되면 죽은 사람은 그 원인으로 좋은 곳에 태어나는 것이 늦어질 뿐입니다.

하물며 임종한 사람이 생존시에 작은 선근조차도 없었다면, 본래 지은 죄업에 따라 스스로 악도에 떨어질 것이니 어찌 차마 가족들이 다시 악업을 지어 보태겠습니까?

비유컨대 어떤 사람이 먼 곳에서 오는데 굶은 지 사흘이 되고 짐은 백 근이 넘는데 이웃 사람을 만나서 다시 작은 짐을 더 얹는다면 점점 피곤해져서 지쳐버리게 되는 것과 같습니다.

부처님이시여, 제가 보건대 남염부제 중생이 오직 불법 안에서 한 터럭, 한 물방울, 한 티끌만큼의 착한 일만 하더라도 이로 말미암은 이익을 모두 얻게 될 것입니다."

그때 그 자리에 한 장자가 있었으니 이름은 대변(大辯)이라 하였다. 이 장자는 오래 전에 무생(無生)의 진리를 깨달아 시방의 중생들을 교화하였으며 장자의 몸을 나타내어 합장하고 공양하는 마음으로 지장보살에게 물었다.

"지장보살이시여, 사바세계의 중생들이 목숨을 마친 뒤 그의 가족들이 그를 위해 공덕을 닦거나 재물로 여러 가지 착한 인연을 짓게 되면 임종한 사람은 어떤 큰 인연을 얻어 해탈을 성취하게 됩니까?"

지장보살이 대답했다.

"장자여, 내가 이제 현재와 미래의 일체 중생들을 위

하여 부처님의 위신력을 빌어서 그것을 말하겠습니다.

장자여, 현재 미래의 모든 중생들이 임종할 때, 한 부처님의 명호나 한 보살의 명호, 한 벽지불의 명호를 듣게 되면 죄의 유무를 떠나서 모두 해탈하게 됩니다.

만일 어떤 남자나 여인이 살아서 착한 인연을 닦지 않고 여러 가지 악업만을 지었다고 할 때, 목숨을 마친 뒤에 여러 가족들이 그를 위하여 이익되는 착한 일을 하게 되면, 그 가운데 칠분의 일은 죽은 사람이 얻고 나머지는 살아 있는 사람들이 얻게 됩니다.

그러므로 현재와 미래세의 선남자·선여인이 이 말씀을 듣고 스스로 공덕을 닦으면 완전한 복덕을 얻게 됩니다.

죽음의 귀신은 느닷없이 찾아 옵니다. 그때 비로소 중생들은 캄캄한 어둠 속에 헤매이고, 스스로의 죄업과 복덕을 알지 못하며 49일 동안 바보나 귀머거리처럼 방황하다가 중생의 죄업을 심판하는 곳에서 업보를 변론하고, 심판받은 뒤에야 업보에 의해서 다시 태어나게 됩니다. 앞일을 예측할 수 없는 그 사이에도 번민과 고통이 천만 가지이거늘, 하물며 여러 갈래의 악도에 떨어져 고통받는 것을 무엇으로 설명하겠습니까?

그러므로 생명을 마친 사람이 새 생명을 받지 못하는 49일 동안에는 모든 가족들이 명복을 빌어 구원해 주기를 바라는 것입니다.

그러나 49일이 지나면 각자의 죄업에 따라 과보를 받게 됩니다. 만일 그가 죄업이 깊은 사람이라면 천백 세가 지나도록 해탈할 날이 없을 것입니다. 만 겁이 지나도록 영원한 고통을 받게 됩니다.

장자여, 이와 같은 중생들이 생명을 마친 뒤 가족들이 재를 베풀어서 갈 길을 도와줄 때, 그 재식을 마치기 전이나 재를 마련할 때, 쌀뜨물과 나물 다듬은 찌꺼기 등을 땅에 버리지 말아야 합니다. 또한 모든 음식을 부처님과 스님들에게 올리기 전에 먼저 먹어서는 아니 됩니다.

만일 이 법을 삼가지 않으면, 생명을 마친 사람에 대해 그는 조금도 복덕이 되지 못합니다. 만일 청정하고 지극한 마음으로 공양구를 부처님과 스님들께 올리면, 죽

효행의 경전

은 사람은 그 공덕의 칠분의 일을 얻을 것입니다.

장자여, 염부제의 중생이 만일 그 부모와 가족들을 위해서 지극하고 간절한 마음으로 재를 베풀어 공양하면 산 사람과 죽은 사람이 모두 이익을 얻게 됩니다."

지장보살이 이와 같이 설할 때 도리천궁에 있던 천만억 나유타의 염부제 귀신들이 한량없는 보리심을 발하였으며, 대변장자는 기쁜 마음으로 가르침을 받들며 예배하고 물러갔다.

제8장

염라왕들에 대한 찬탄

—

　그때 철위산 속에 있던 셀 수 없이 많은 귀왕(鬼王)들이 염라천자(閻羅天子)[32]와 함께 부처님이 계시는 도리천에 이르렀다.

　그들은 악독귀왕(惡毒鬼王), 다악귀왕(多惡鬼王), 대쟁귀왕(大諍鬼王), 백호귀왕(白虎鬼王), 혈호귀왕(血虎鬼王), 적호귀왕(赤虎鬼王), 산앙귀왕(散殃鬼王), 비신귀왕(飛身鬼王), 전광귀왕(電光鬼王), 낭아귀왕(狼牙鬼王), 천안귀왕(千眼鬼王), 담수귀왕(噉獸鬼王), 부석귀왕(負石鬼王), 주모귀왕(主耗鬼王), 주화귀왕(主禍鬼王), 주식귀왕(主食鬼王), 주재귀왕(主財鬼王), 주축귀왕(主畜鬼王), 주금귀왕(主禽鬼王), 주수

귀왕(主獸鬼王), 주매귀왕(主魅鬼王), 주산귀왕(主産鬼王), 주명귀왕(主命鬼王), 주질귀왕(主疾鬼王), 주험귀왕(主險鬼王), 삼목귀왕(三目鬼王), 사목귀왕(四目鬼王), 오목귀왕(五目鬼王), 기리실왕(祁利失王), 대기리실왕(大祁利失王), 기리차왕(祁利叉王), 대기리차왕(大祁利叉王), 아나타왕(阿那吒王), 대아나타왕(大阿那吒王)과 같은 대귀왕들이었다.

이들은 모두 백천이나 되는 여러 소귀왕(小鬼王)들을 데리고 모든 염부제에서 각각 맡은 일이 있었고 머무는 곳이 따로 있었다.

이 모든 귀왕들은 염라천자와 더불어 부처님의 위신력과 지장보살마하살의 힘을 입어 도리천에 와서 대중 속에 있었다.

그때 염라천자가 꿇어 앉아 합장하고 부처님께 여쭈었다.

"부처님이시여, 저희들은 이제 모든 귀왕과 더불어 부처님의 위신력과 지장보살의 힘을 입어 이 도리천궁의 대법회에 왔습니다. 이는 저희들이 착한 이익을 얻기 위한 것입니다. 제가 이제 조금 의심되는 일이 있어서 감히

부처님께 여쭈옵니다. 바라옵건대 부처님이시여, 자비로
써 저희들을 위해 말씀해 주십시오."

부처님께서 염라천자에게 말씀하셨다.

"그대는 궁금한 바를 마음껏 물으라. 내가 그대들을
위하여 말해 주리라."

이때 염라천자가 부처님을 우러러 예배드리고 지장보
살을 바라보며 부처님께 말씀드렸다.

"부처님이시여, 제가 지장보살을 살펴보니 육도(六道)
중에 계시면서 백천 가지 방편으로 고통받는 중생들을
구하시면서 피로도 괴로움도 마다하지 않으십니다. 이
대보살에게는 이와 같은 불가사의한 신통이 있으나 모든
중생들은 죄보에서 벗어났다가 오래지 않아 다시 악도
에 떨어지고 맙니다.

부처님이시여, 이 지장보살에게는 그와 같은 불가사의
한 신통력이 있는데도 어찌하여 중생들은 거룩한 가르
침에 의지하여 영원한 해탈을 구하려 하지 않습니까? 바
라옵건대 부처님이시여, 저희들을 위하여 말씀해 주옵
소서."

부처님께서 말씀하셨다.

"염부제의 중생들은 마음이 거칠고 어리석어서 교화하기 어렵다. 그러나 지장보살은 백천 겁이 지나도록 이와 같은 중생들을 빠짐없이 구제하여 해탈의 길로 이끌고 있다.

또 죄업에 가득 찬 중생들과 모진 악도에 떨어진 사람까지도 지장보살은 방편력으로써 업연의 뿌리까지 뽑아서 전세의 일을 깨닫게 해 주건만, 염부제의 중생들은 스스로 악습에 젖어 있어서 금방 악도에서 벗어났다가 다시 들어가고 있다. 그러므로 지장보살은 수고를 마다하지 않고 오랜 겁이 지나도록 중생들을 계속 제도해야만 하는 것이다.

비유컨대, 어떤 사람이 본래의 집을 잃고 방황하다가 험한 길로 잘못 들어 섰는데 그 길에서 숱한 야차와 호랑이, 사자, 구렁이, 뱀, 독사들과 마주치게 되었다.

그때 마침 술법을 잘 알고 있는 선지식이 있어서 큰 술법으로 야차와 악한 짐승들을 잘 막아내고 있었다. 그러나 갑자기 어리석은 나그네가 그 험한 길에 들어가려고 하는 것을 보고 외쳤다.

'가엾은 나그네여, 어쩌자고 이런 길로 들어서게 되었는가? 모든 독기를 막아낼 수 있는 무슨 기이한 술법이라도 있다는 말인가?'

길 잃은 사람은 이 말을 듣고 비로소 험한 길인 줄 깨닫고 곧 물러서며 이 길에서 벗어나고자 했다. 그때 선지식이 나그네의 손을 잡고 이끌어 험한 길에서 벗어나서 넓고 평탄한 길로 인도하여 안전하게 해 주고 말했다.

'가엾은 나그네여, 지금부터는 다시 저 길에 들지 말아야 하느니 저 길에 드는 이는 벗어나기 어려우며 더욱이 목숨까지 잃게 되리라.'

길 잃은 사람은 감동했다. 서로 헤어지려 할 때 선지식은 다시 말했다.

'만일 친한 사람이나 길가는 사람을 보거든 저 길에는 악독한 짐승이 많이 있으므로 생명을 잃게 된다고 말해주어서 모든 중생들로 하여금 스스로 죽음의 길을 걷지 않도록 하여라.'

이와 같이 말하는 것과 같다.

효행의 경전

이처럼 지장보살은 큰 자비심으로 죄업을 짓고 고통받는 중생들을 구원해서 사람의 몸으로 태어나게 하고 안락을 누리게 해 주면, 중생들은 악업의 길에서 겪는 고통을 알고서 그 길에서 벗어나 다시는 고통을 겪지 않는다.

그것은 마치 길 잃은 사람이 험한 길에 들어섰다가 선지식을 만나서 다시는 악도에 들어가지 않는 것과 같다. 또 다른 사람들을 만나도 악도에 들어가지 않도록 권유하여 모두가 자연히 해탈케 하여 다시는 들어가지 않는 것과 같다.

만일 그 길을 다시 밟는다면 아직도 어리석어서 옛날에 빠져들었던 험한 길인 줄 깨닫지 못하고 목숨을 잃어버리게 되니, 마치 악도에 빠진 중생을 지장보살의 원력으로 해탈케 하여, 인간이나 천상에 태어나게 하여도 금방 다시 악도에 들어가는 것과 같다. 만일 죄업이 무거우면 영원히 지옥에서 벗어나지 못하리라."

그때 악독귀왕이 합장하고 부처님께 여쭈었다.

"부처님이시여, 저희들 귀왕들은 그 수가 한량없습니

다. 염부제에서는 사람들에게 이익을 주기도 하고 혹 사람들에게 두려움을 주기도 합니다. 제가 권속들로 하여금 세계를 돌아다니게 해 보면 악한 일은 많고 맑고 거룩한 일은 적습니다.

그러나 사람의 집이나 성읍, 촌락, 장원을 지나다가 어떤 남자나 여자가 털끝만큼이라도 착한 일을 하는 것을 보게 됩니다. 즉 불법을 찬탄하는 깃발을 달거나 약간의 향과 꽃을 부처님과 보살상 앞에 공양하든지, 혹은 고귀한 경전을 읽으며 한 구절, 한 게송에 향을 사르는 것만 보아도 저희 귀왕은 이 사람들에게 공경히 예배하기를 과거·현재·미래의 부처님을 섬기듯 합니다.

또한 큰 힘이 있는 귀신이나 토지를 맡은 작은 귀신들로 하여금 이들을 보호하도록 해서 나쁜 횡액과 모진 병, 바라지 않는 일들이 그 집에 얼씬도 못하게 하거늘 하물며 그 집안으로 들어가게 하겠습니까?"

부처님께서 귀왕을 칭찬하시면서 말씀하셨다.

"참으로 훌륭하도다. 그대들이 염라천자와 더불어 그토록 선남자·선여인을 옹호하다니 범왕과 제석천에 일러서 그대들을 보호할 것이니라.”

이와 같이 말씀하셨을 때 그 자리에 있던 주명(主命)이라는 귀왕이 부처님께 여쭈었다.

“부처님이시여, 저는 본래 지은 업연 때문에 염부제 중생들의 수명을 맡아서 날 때와 죽을 때를 주관하고 있습니다. 저의 본원은 많은 중생들에게 이익을 주고자 노력합니다만 중생들은 제 뜻을 알지 못하고 태어나고 죽을 때 모두 괴로워합니다.

이 염부제의 중생들이 처음 태어날 때, 남자와 여자를 가리지 않고, 출산에 임박해 착한 일을 하여 집안을 더욱 이롭게 하면, 토지신은 한량없이 기뻐하면서 자식과 어머니를 보호하여 큰 안락을 얻도록 하고 가족들도 이롭게 합니다.

자식을 낳은 뒤에는 살생을 하지 말아야 하는데도 여러 가지 생선을 산모에게 먹이며, 또한 가족들이 모여 술과 고기를 먹으며 노래하고 풍악을 즐긴다면 그것은 어머니와 자식을 편안하게 해 주는 것이 아닙니다.

왜냐하면 아기를 낳을 때는 무수히 많은 귀신과 도깨

비들이 비린내나는 피를 먹고자 하므로 제가 미리 가택 신(家宅神)이나 토지신들에게 명하여 산모와 아이를 편안하게 보호해 줍니다.

그 사람들이 편안한 것을 본 뒤에는 마땅히 복을 베풀어 토지신의 은혜에 보답해야 하거늘, 가족들은 오히려 살생을 하여 잔치를 벌이니 이로써 죄업을 짓고 과보를 받아 어머니와 자식이 편안하지 못합니다.

또한 염부제에서 죽는 사람은 선한 사람이든 악한 사람이든 모두 악도에 빠지지 않도록 애쓰고 있는데 하물며 스스로 선근을 닦은 이의 힘을 도와주는 사람이야 말할 나위가 있겠습니까?

이 염부제에서는 착한 일을 한 사람이 목숨을 마칠 때에도, 백천이나 되는 악독한 귀신들이 부모와 여러 가족으로 둔갑하여 죽은 이를 이끌어 악도에 떨어지게 하거늘, 하물며 본래부터 악업을 지어 온 자는 더 말할 나위도 없습니다.

부처님이시여, 이와 같이 염부제의 남자와 여자들이 목숨을 마칠 때 정신이 혼미하여 선과 악을 분간하지 못하고 눈과 귀로 보고 듣지도 못합니다.

이런 때 그의 가족들은 마땅히 크게 공양을 베풀고 이 경전을 읽고 외우며 부처님과 보살의 명호를 독송해야 합니다. 이와 같은 착한 인연을 맺어주면 죽은 이는 모두 악도를 벗어나고, 모든 마군의 무리들은 다 두려워 물러가고 맙니다.

부처님이시여, 일체 중생이 죽을 때 만일 한 부처님, 한 보살의 이름, 혹은 대승경전의 한 구절, 한 게송만이라도 듣는다면, 저는 이런 사람들을 살펴서 지옥에 떨어질 살생죄를 지은 사람을 제하고는 모두가 해탈을 얻을 수 있도록 인도하겠습니다."

부처님께서 주명귀왕에게 말씀하셨다.

"그대는 크고 거룩한 자비심으로 그와 같은 서원을 세워 태어나고 죽는 곳에서 모든 중생들을 보살피는구나. 만일 미래세에 어떤 남자나 여자가 나고 죽을 때가 되거든 그대는 그 서원을 저버리지 말고 모두 해탈의 길로 이끌어 영원한 안락을 얻게 하라."

주명귀왕이 부처님께 말씀드렸다.

"바라옵건대 부처님이시여, 염려하지 마시옵소서. 제가 이 몸이 다하도록 염부제 중생들을 옹호하여 중생들이 태어날 때와 죽을 때 모두 안락함을 얻도록 하겠습니다.

다만 모든 중생들이 태어나고 죽을 때 저의 말을 받아들이기를 바랄 뿐입니다. 그리하면 모든 중생들을 해탈의 길로 이끌겠나이다."

그때 부처님께서 지장보살에게 말씀하셨다.

"목숨을 맡은 이 큰 귀왕은 이미 백천 생 동안 큰 귀왕이 되어 나고 죽는 곳에서 중생들을 옹호하고 있지만, 이는 보살이 자비원력으로 큰 귀왕의 모습을 나타낸 것일 뿐 실은 귀왕이 아니니라.

앞으로 수만 겁을 지나면 이 귀왕은 반드시 성불할 것이니라. 그 이름은 '무상여래'이며 겁의 이름은 '안락'이며, 세계의 이름은 '정주'이며 그 부처님의 수명은 겁으로도 헤아리지 못하리라.

지장보살이여, 이 대귀왕의 일이 이렇게 불가사의하고 그가 제도한 천인과 인간 세상의 사람들도 헤아릴 수가 없나니라."

제9장

부처님의 명호

—

그때 지장보살이 부처님께 여쭈었다.

"부처님이시여, 제가 지금 미래 중생들을 위하여 이익되는 일을 말하고, 나고 죽는 가운데서 큰 이익을 얻게 하고자 하오니 허락해 주옵소서."

부처님께서 말씀하셨다.

"그대가 지금 자비심을 일으켜 육도의 고통을 받는 모든 중생들을 구해 내려고 불가사의한 일을 말하고자 하는구나. 지금이 바로 그때이니라. 어서 말하라. 나는 곧 열반하리니 그대의 서원이 모두 이루어지면 나 또한 현재·미래의 모든 중생들에 대한 근심이 없어지리라."

지장보살이 말했다.

"부처님이시여, 지난 과거 한량없는 아승지겁 이전에 한 부처님이 세상에 나타나시니 이름을 무변신여래라고 하셨습니다.

만약 어떤 남자나 여인이 이 부처님의 이름을 듣고 잠깐만이라도 공경하는 마음을 내면 40겁 동안 나고 죽으면서 지은 무거운 죄업을 벗어나게 될 것인데, 하물며 부처님의 형상을 조성하고 그림을 그려서 모시고 공양하며, 찬탄하는 이에 이르리까? 그 사람의 복은 한량없고 끝이 없을 것입니다.

또한 한량없는 오랜 과거세에 한 부처님이 세상에 나타나셨으니 그 이름을 보승여래라고 하셨습니다. 만일 어떤 남자나 여인이 그 부처님의 이름을 듣고 손가락 한 번 튕기는 순간이라도 부처님께 귀의하는 마음을 일으킨다면 이 사람은 한량없는 진리의 길에서 물러남이 없게 될 것입니다.

또 과거의 어느 세상에 한 부처님이 세상에 나타나셨으니 그 이름을 파두마승여래라고 하셨습니다. 만일 어

효행의 경전

떤 남자나 여자의 귀에 이 부처님의 이름이 들리기만 해도 이 사람은 천 번을 육욕천(六欲天)³³⁾에 태어나게 되거늘, 하물며 지극한 마음으로 이 부처님의 명호를 부르고 생각함에 비하겠습니까?

또한 과거 무량 아승지겁 전에 한 부처님이 세상에 나타나셨으니 그 이름을 사자후여래라고 하셨습니다. 만일 어떤 남자나 여인이 이 부처님의 이름을 듣고 일념으로 귀의하면 이 사람은 한량없는 여러 부처님을 만나 머리를 쓰다듬는 수기를 받을 것입니다.

또한 과거세에 한 부처님이 세상에 나타나셨으니 그 이름을 구류손불이라고 하셨습니다. 만일 어떤 남자나 여인이 그 부처님의 명호를 듣고 지극한 마음으로 우러러 예배하고 찬탄한다면 이 사람은 현겁의 천불회상에서 대범천왕이 되어 으뜸 가는 수기를 받을 것입니다.

또한 과거세에 한 부처님이 세상에 나타나셨으니 그 이름을 비바시여래라고 하셨습니다. 만일 어떤 남자나 여자가 이 부처님의 이름을 듣기만 하면 영원히 악도에 떨어지지 않고 항상 인간이나 천상에 태어나서 아주 묘한 낙을 받을 것입니다.

또한 과거 항하사겁 이전에 한 부처님이 세상에 나타나셨으니 그 이름을 다보여래라고 하셨습니다. 만일 어떤 남자나 어떤 여자가 이 부처님의 이름을 듣기만 하면 끝내 악도에 떨어지지 않고 아주 묘한 낙을 받을 것입니다.

또한 과거세에 한 부처님이 세상에 나타나셨으니 그 이름을 보상여래라고 하셨습니다. 만일 어떤 남자나 여자가 이 부처님의 이름을 듣고 공경하는 마음을 일으키면 이 사람은 오래지 않아 아라한과를 얻을 것입니다.

또한 과거 무량아승지겁 전에 한 부처님이 세상에 나타나셨으니 그 이름을 가사당여래라고 하셨습니다. 만일 어떤 남자나 여자가 이 부처님의 이름을 들으면 일백 겁 동안 나고 죽는 업에서 벗어나게 됩니다.

또한 과거에 한 부처님이 세상에 나타나셨으니 그 이름을 대통산여래라고 하셨습니다. 만일 어떤 남자나 여자가 이 부처님의 이름을 들으면 이 사람은 항하의 모래 알같이 많은 부처님을 만나서 널리 설법하시는 가르침을 들고 반드시 깨달음의 길을 성취할 것입니다.

또한 과거에 정월불, 산왕불, 지승불, 정명왕불, 지성취불, 무상불, 묘성불, 만월불, 월면불같이 말할 수 없이 많은 부처님이 계셨습니다.

부처님이시여, 현재와 미래의 일체 중생이 만일 한 부처님의 명호만 생각하여도 그 공덕이 한량없거늘, 하물며 여러 부처님의 이름을 생각한 공덕에 비할 수 있겠습니까? 이 중생들은 태어날 때나 죽을 때 모두 큰 이익을 받아서 마침내 악도에 떨어지지 않을 것입니다.

만일 목숨을 마치는 사람이 있다면, 그 가족 중의 한 사람이라도 이 병든 사람을 위하여 큰 소리로 부처님의 이름을 부르고 생각하는 사람이 있다면, 이 사람은 오무간지옥에 떨어질 큰 죄가 없어지고 그 나머지 업보들도 모두 없어지고 맙니다.

이 오무간죄가 너무 무거워서 억겁을 지나도 벗어나지 못할지라도 목숨이 끊어질 때 다른 사람이 그 죽는 사람을 위하여 부처님의 명호를 부르고 외우면 그 공덕으로 말미암아 무거운 죄도 점점 소멸될 것입니다. 하물며

죽는 사람이 스스로 부처님을 부르고 생각함에야 비할
수 있겠습니까?

　이런 사람은 반드시 한량없는 복을 얻고 한량없는 죄
가 소멸될 것입니다."

제10장

보시의 공덕

—

그때 지장보살이 부처님의 위신력을 입어 자리에서 일어나 합장하고 부처님께 여쭈었다.

"부처님이시여, 제가 중생들의 보시공덕을 살펴보니 공덕의 가볍고 무거움에 따라 한 생만 복을 받는 이도 있고 열 생을 복을 받는 이도 있습니다. 또한 수많은 생애에 걸치도록 큰 복을 받는 이도 있으니 무슨 까닭입니까? 부처님이시여, 저희들을 위하여 말씀해 주옵소서."

부처님께서 말씀하셨다.

"내가 지금 일체 중생이 모인 도리천궁 법회에서 염부제 중생들의 보시공덕의 가볍고 무거움을 살펴서 말하겠노라. 그대들은 자세히 들으라."

지장보살이 부처님께 여쭈었다.

"저는 그 일이 매우 궁금하옵니다. 기꺼이 듣고자 하옵니다."

부처님께서 말씀하셨다.

"염부제에 있는 모든 국왕과 재상, 대신, 장자, 왕족, 바라문들이 만일 가장 가난한 이나 꼽추, 벙어리, 귀머거리, 장님 같은 온갖 불구자들에게 보시하고자 할 때, 자비스러운 마음으로 웃으며 손수 보시하거나 부드러운 말로 위로한다면, 이들이 얻는 복덕은 일백 항하의 모래알 같은 부처님께 보시한 공덕과 같느니라.

왜냐하면 이 사람들은 가장 가난하고 천한 무리와 불구자들이기 때문이니라.

따라서 국왕 대신들에게 그만한 복이 생겨서 수많은 생에 걸쳐서 항상 칠보가 가득하고 옷과 음식이 넘치게 되느니라.

지장보살이여, 또한 미래세에 모든 국왕과 바라문들이 부처님의 탑과 부처님의 형상, 보살, 성문, 벽지불의

효행의 경전

형상을 찾아가 힘써 마련한 것을 공양하고 보시하면 이 국왕은 마땅히 3겁 동안 제석천왕이 되어 헤아릴 수 없는 안락을 누릴 것이다.

만일 보시한 공덕을 법계(法界)[34]에 회향(廻向)[35]하면서 이 국왕과 바라문들이 부처님의 탑사와 부처님의 형상, 보살, 성문, 벽지불의 형상을 만나 몸소 마련한 것으로 공양하고 보시하면 이 국왕들은 마땅히 3겁 동안 제석천왕이 되어 헤아릴 수 없는 안락을 누릴 것이니라.

만일 보시한 공덕을 법계에 회향하면 이 국왕과 바라문은 10겁 동안 항상 대범천왕(大梵天王)이 되느니라.

지장보살이여, 또한 미래세에 모든 국왕과 바라문이 옛 부처님의 탑사와 경전, 불상이 파괴되고 낡아 있음을 보고 발심하여 보수하되 국왕, 바라문들이 스스로 힘써 마련하거나, 다른 이들에게 권하여 보시 인연을 많이 맺어준다면 이 국왕, 바라문 등은 백천 생에 걸쳐서 항상 전륜왕이 될 것이니라.

또한 함께 보시한 사람들은 수많은 생에 걸쳐서 항상 작은 나라의 국왕이 될 것이니라.

더구나 탑사 앞에 회향할 마음을 일으킨다면 이 국왕을 비롯해 모든 사람들이 함께 불도를 이룰 것이니 이와 같은 과보의 공덕은 한량이 없느니라.

지장보살이여, 또한 미래세에 모든 국왕과 바라문들이 모든 늙고 병든 자와 아기 낳는 부녀자들을 보고서 한 생각이라도 큰 자비심을 일으켜서 의약, 음식, 방석 등을 보시하여 편안하게 해 주면 이와 같은 복덕은 아주 불가사의해서 일백 겁 동안 항상 정거천(淨居天)[36]의 임금이 되며 2백 겁 동안 항상 육욕천의 임금이 되리라.

그리하여 마침내는 부처를 이루어서 영원히 악도에 떨어지지 않고 백천의 생애 동안 고통받는 소리가 귀에 들리지도 않으리라.

지장보살이여, 또한 만일 미래세에 국왕과 바라문들이 이와 같은 보시를 행한다면 한량없는 복을 얻고 다시 일체 중생에게 회향하면 복이 많고 적음을 떠나서 마침내 부처가 되리니 하물며 제석천왕, 대범천왕, 전륜왕의 복에 비유하리오.

그러므로 지장보살이여, 널리 일체 중생에게 권하여

마땅히 이렇게 배우게 할지니라.

지장보살이여, 또한 만일 미래세에 선남자·선여인이 불법 안에서 털끝만큼이라도 작은 선근을 심어도 받게 되는 복은 무엇으로도 비할 수 없느니라.

또한 지장보살이여, 만일 미래세에 어떤 선남자·선여인이 부처님의 형상이나 보살, 벽지불, 전륜왕의 형상을 만나서 보시하고 공양한다면 한량없는 복을 받으며 항상 인간이나 천상에서 미묘한 안락을 누릴 것이다. 만일 법계에 회향한다면 이 사람의 복덕은 비유할 수도 없느니라.

지장보살이여, 또한 미래 세상에 어떤 선남자·선여인이 부처님의 탑이나 대승경전을 만나서 새로 조성된 것을 보고 보시공양하며, 만일 오래되어 낡고 무너진 것을 보거든 곧 보수하되 혹 마음을 내어 스스로 하거나 다른 사람에게 권하여 함께 한다면, 이와 같은 사람들의 공덕은 30생 중에 항상 작은 나라의 국왕이 되고, 단월 (檀越, 신도)[37]로서 보시한 사람은 항상 전륜왕이 되어 거룩한 법으로서 모든 작은 나라의 국왕들을 교화하게 되느니라.

지장보살이여, 또한 만일 선남자·선여인이 불법 안에서 선근을 심어서 혹 보시 공양하거나, 탑과 절을 보수하거나 혹 경전을 보수하되 터럭 하나, 모래알 하나, 물방울 하나만큼의 선근일지라도 법계에 회향하면 그 공덕으로 수많은 생애 동안 미묘한 안락을 누릴 것이니라.

하지만 자기 가족이나 자기 이익을 위해서 회향한다면 이와 같은 과보는 3생의 안락에 그칠 뿐이니라. 한 가지 착한 인연으로써 만 가지 복덕을 얻게 되느니라.

지장보살이여, 보시로써 얻는 공덕은 이와 같느니라."

제11장

땅의 신이 불법을 옹호함

—

그때 견뢰지신(堅牢地神)이 부처님께 여쭈었다.

"부처님이시여, 저는 예로부터 한량없는 보살마하살을 뵈옵고 예배하였습니다. 모두 불가사의한 큰 신통력과 지혜로 널리 중생을 제도하시지만 이 지장보살마하살은 모든 보살의 서원보다도 깊고 무겁습니다.

부처님이시여, 이 지장보살은 염부제에 큰 인연이 있습니다. 저 문수보살, 보현보살, 관세음보살, 미륵보살도 역시 백천 가지의 몸을 나타내어 육도 중생을 교화하며 서원을 세운 겁의 수가 천백 억 항하사와 같아서 다함이 없습니다.

부처님이시여, 제가 살펴보니 미래와 현재의 모든 중생이 자기가 사는 곳이나 남쪽의 깨끗한 곳에 흙·돌·대나무 등으로 집을 짓고 그 가운데 지장보살을 그리거나 금·은·동·철로 조성하여 모시고 향을 사르어 공양하고 우러러 예배하고 찬탄하면, 이 사람은 사는 동안 다음과 같은 열 가지 이익을 얻게 될 것입니다.

첫째, 토지에 풍년이 들 것입니다.

둘째, 집안이 편안해질 것입니다.

셋째, 죽은 선조가 천상에 날 것입니다.

넷째, 부모가 오래 살 것입니다.

다섯째, 구하는 바가 뜻대로 될 것입니다.

여섯째, 수재나 화재가 없을 것입니다.

일곱째, 재물이 헛되이 소모되는 것이 없을 것입니다.

여덟째, 악몽을 꾸지 않을 것입니다.

아홉째, 출입할 때 신장(神將)이 보호할 것입니다.

열째, 좋은 인연을 만나게 될 것입니다.

부처님이시여, 미래와 현재의 중생이 만일 자기가 사는 처소에서 공양하면 이와 같은 이익을 얻게 되옵니다."

효행의 경전

견뢰지신이 다시 부처님께 여쭈었다.

"부처님이시여, 미래세에 어떤 선남자·선여인이 자기가 사는 곳에서 이 경전과 보살의 형상을 모시고 경전을 읽고 외우고 공양하면, 제가 언제나 저의 본래의 신력으로서 이 사람을 보호하여 불이나 물, 도둑과 크고 작은 횡액이나 일체 악한 일은 모두 없도록 하겠습니다."

부처님께서 말씀하셨다.

"견뢰지신이여, 그대의 큰 신력은 다른 신들은 따르기 어렵도다.

왜냐하면 염부제의 토지가 다 그대의 보호를 받으며 초목, 모래, 돌, 곡식, 보배 등의 모든 물건이 다 이 땅에 있으니 모두 그대의 힘을 입기 때문이니라. 더욱이 그대가 지장보살의 공덕을 찬탄하고 있으니 그대의 공덕과 신통은 다른 보통 지신보다도 백천 배가 되느니라.

만일 선남자·선여인이 지장보살에게 공양하며 이 경을 읽고 외우며, 《지장보살본원경(地藏菩薩本願經)》을 의지하여 다만 한 가지라도 행한다면, 그대의 힘만으로도 모든 재해에서 보호되고, 또 뜻대로 되지 않는 일은 귀

에 들리게조차 하지 않을 것인데, 어찌 하물며 악한 일
을 겪게 하겠는가?

단지 그대만이 이 사람들을 보호하는 것이 아니라 제
석, 범왕권속, 제석천의 권속들도 모두 그 사람을 옹호하
느니라.

이것은 지장보살을 우러러 예배하고 이 지장본원경을
독송한 까닭이며 그로 인해 자연히 고통의 바다를 건너
열반의 평안을 얻게 되므로 큰 보호를 받는 것이니라."

제12장

보고 들어서 얻는 이익

—

그때 부처님께 머리 위로부터 백천만 억의 크고 미세한 광명을 비추셨다.

그 광명은 이른바 백호상광명, 대백호상광명, 서호상광명, 대서호상광명, 옥호상광명, 대옥호상광명, 자호상광명, 대자호상광명, 청호상광명, 대청호상광명, 홍호상광명, 대홍호상광명, 녹호상광명, 대녹호상광명, 금호상광명, 대금호상광명, 경운호상광명, 대경운호상광명, 천륜호광명, 대천륜호광명, 보륜호광명, 대보륜호광명, 일륜호광명, 대일륜호광명, 월륜호광명, 대월륜호광명, 궁전호광명, 대궁전호광명, 해운호광명, 대해운호광명이었다.

이와 같은 광명을 발하시고 미묘한 음성으로 모든 대중과 천신, 인간, 용, 팔부신중과 인비인(人非人)들에게 말씀하셨다.

"내가 오늘 이 도리천궁에서 지장보살이 인간과 천상을 이익케 하는 불가사의한 일과 성스러운 지위에 오르는 일과 십지(十地)의 지위를 증득하게 하는 일과 아뇩다라삼먁삼보리에서 물러서지 않게 하는 일들을 모두 드높이 찬탄하리라."

이와 같이 말씀하셨을 때 그 자리에 있던 관세음보살(觀世音菩薩)38)이 자리에서 일어나 무릎을 꿇고 합장하며 부처님께 여쭈었다.

"부처님이시여, 지장보살은 큰 자비심으로 죄업의 고통을 받는 중생을 가엾게 여기시어 천만 억 세계에 천만 억 몸으로 나타나시며 지니신 공덕과 불가사의한 위신력을 저는 알고 있습니다.

또 부처님께서 시방의 모든 부처님과 더불어 지장보살을 찬탄하심을 들었습니다. 어찌하여 과거·현재·미래의 모든 부처님이 한결같이 지장보살의 공덕을 말씀하셔도 오히려 다하지 못하나이까? 또한 앞에서도 부처님께서 대중에게 널리 이르시되 지장보살의 이익에 대한 일을 찬양하시는 말씀을 들었습니다.

부처님이시여, 현재와 미래의 일체 중생을 위하여 지장보살의 불가사의한 일을 말씀하셔서 천신, 인간, 용, 팔부신중으로 하여금 예배드리고 복덕을 얻게 하소서."

부처님께서 관세음보살에게 말씀하셨다.

"그대는 사바세계에 큰 인연이 있어서 만약 천신, 인간, 용, 남자, 여자, 귀신, 육도의 죄 지은 모든 중생이 그대의 이름을 듣거나 그대의 형상을 보거나 생각하거나 찬탄한다면, 이 모든 중생들은 다 궁극의 진리에서 물러나지 않고 항상 인간이나 천상에 태어나서 헤아릴 수 없는 많은 낙을 받을 것이다.

또한 인과가 무르익으면 깨달음을 이루리라는 수기(授記)를 부처님으로부터 받게 된다.

그대가 이제 큰 자비심으로써 중생과 천신, 인간, 용, 팔부신중을 불쌍히 여겨, 내가 지장보살의 불가사의한 이익에 대해서 말하는 것을 듣고자 하는구나. 그대는 자세히 들으라. 내가 이제 그대를 위하여 설하리라."

관세음보살이 부처님께 여쭈었다.

"기꺼이 듣고자 하옵니다."

부처님께서 말씀하셨다.

"미래 현재의 모든 세계에서 천상의 사람이 누리던 복이 다하여 다섯 가지 쇠퇴하는 모습[五衰相][39]이 나타나고 혹은 악도에 떨어지게 되었더라도, 천상의 사람이 남자나 여자나 지장보살의 형상을 보고 우러러 예배하면 이들에게 천 가지 복이 더해져서 큰 기쁨과 즐거움을 받고 영원히 삼악도의 과보를 받지 않는다.

하물며 지장보살을 보거나 듣거나 향, 꽃, 의복, 음식, 보배, 영락 등으로 보시공양한다면 이로써 얻는 공덕이 한량없으리라.

관세음보살이여, 또한 만일 미래나 현재의 모든 세계의 육도 중생들이 목숨을 마치려 할 때, 지장보살의 이름을 들려주어 그 한 소리만 귀에 들어가게 하여도, 이 중생들은 영원히 삼악도에 들어가지 않느니라.

하물며 임종할 때 부모나 친척들이 그 사람의 집이나

재물, 보배, 의복 등을 가지고 지장보살의 형상을 조성하거나 그리며, 혹 병든 사람이 죽기 전에 눈으로 보고 듣게 한다면 이 사람의 병은 곧 낫고 오래 살 것이니라.

또 가족이 그의 집과 재산을 가지고 병자를 위해 지장보살의 형상을 조성한 것을 알려서 병자가 직접 눈으로 보고 듣게 하면 이 사람은 지은 업보로 중병을 앓을지라도 마땅히 공덕을 입어서 곧 병이 낫게 되고 오래 살 것이니라.

이 사람이 만일 지은 업보로 말미암아 마땅히 악도에 떨어지게 될지라도 그 공덕을 입어서 죽은 뒤에 곧 인간이나 천상에 태어나서 헤아릴 수 없는 많은 즐거움을 받고 모든 죄업이 소멸되리라.

관세음보살이여, 또한 만일 미래세에 어떤 남자나 여인이 젖먹이 때나, 두 살, 세 살, 다섯 살, 열 살도 채 되기 전에 부모가 죽었거나 형제자매를 잃고서 나이가 든 뒤 부모와 가족들을 생각하고 그리워한다면, 지장보살의 형상을 조성하고 그림으로 그려서 모시고 지장보살의 명호를 부르며 우러러 예배하라.

한 번 절할 때부터 칠 일이 되도록 처음 일으킨 마음을 흐트리지 않고 계속해서 예배하고 공양한다면, 이 사람의 가족이 설사 죄업으로 인하여 악도에 떨어져서 여러 겁을 보내고 있을지라도, 지장보살의 형상을 그리고 조성하여 예배하고 공양한 공덕으로 곧 해탈하게 되느니라.

또한 인간이나 천상에 태어나서 헤아릴 수 없는 많은 즐거움을 누릴 것이다.

죽은 사람이 만약 복력이 있어서 이미 인간이나 천상에 나서 즐거움을 누리고 있다면 곧 그 공덕으로 점점 좋은 인연을 더하여 한량없는 안락을 누리게 되리라.

또한 이 사람이 21일 동안 한마음으로 지장보살의 형상에 예배하며 그 명호를 만 번 염송하면 지장보살이 몸을 나타내어 그 가족들이 태어난 세계를 가르쳐 줄 것이니라. 혹은 꿈 속에서 보살이 친히 이 사람과 함께 가족들이 태어난 곳에 데려가 보여 주느니라.

또한 날마다 보살의 명호를 천 번씩 염송하여 천 일이 되면 그가 사는 곳의 토지신을 시켜 몸이 다하도록 보호

효행의 경전

하게 하느니라. 그에게는 먹고 입는 것이 풍족할 것이고, 모든 병고가 없을 것이며, 어떤 횡액도 그 집 문 안에 들지 못하게 되거늘 하물며 몸에 미치게 하겠는가?

이 사람은 마침내 보살이 머리를 쓰다듬어 주는 수기(授記)를 받으리라.

관세음보살이여, 또한 미래세의 어떤 선남자·선여인이 넓고 큰 자비심을 발하여 일체 중생을 구제하거나 위없는 깨달음을 닦고자 하거나 삼계(三界)[40]에서 벗어나고자 한다면, 모두 지장보살의 형상을 보거나 명호를 듣고 지극한 마음으로 예배할지니라. 의복, 음식, 보물로 공양하고 지극한 마음으로 예배하면 원하는 일이 속히 이루어지고 영원히 장애가 없어지게 되느니라.

관세음보살이여, 또한 미래세의 어떤 선남자·선여인이 현재와 미래에 백천만 억의 소원과 백천만 억의 일을 이루고자 한다면 오직 지장보살에게 귀의하고 공양 찬탄하라. 모든 소원과 구하는 일이 성취되리라.

또한 큰 자비로써 영원히 나를 지켜주기를 원한다면 이 사람은 꿈 속에서 보살이 머리를 만져주는 수기를 받게 되리라.

관세음보살이여, 또한 미래세의 어떤 선남자·선여인
이 대승경전을 깊이 존중하여 부사의한 마음을 내어서
읽고 외우거나, 비록 밝은 스승을 만나서 가르침을 받아
익혀서 외웠다가 금방 잊고, 그리고 긴 세월이 지나도록
잘 읽고 외우지 못하는 것은 모두가 전생의 업장을 소멸
하지 못한 까닭이니라.

따라서 이 사람은 대승경전을 읽고 외울 성품이 없는
것이니 이와 같은 사람은 지장보살의 명호를 듣고 형상
을 보고 지극한 마음으로 공손히 그 사실을 고백해야
하느니라.

또한 향, 꽃, 의복, 음식으로 보살을 공양하고 깨끗한
정화수 한 그릇을 하루 낮 하루 밤 동안 보살 앞에 올렸
다가 그 물을 마셔야 하느니라.

물을 마실 때에는 남쪽으로 머리를 향하고 지극한 마
음으로 마셔야 하느니라. 물을 마시고 나서 오신채(五辛
菜),⁴¹⁾ 술, 고기, 음행, 거짓말, 살생을 7일 혹은 21일 동안
삼가면 이 선남자·선여인들은 꿈에 지장보살이 원만한

모습을 나타내어 정수리에 물을 뿌려 주는 것을 보게 되느니라.

그 사람이 꿈을 깨면 곧 총명을 얻어서 경전을 한 번이라도 들으면 곧 기억하여 다시는 한 글귀, 한 게송이라도 잊지 않게 되느니라.

관세음보살이여, 또한 미래세의 어떤 사람들이 옷과 먹을 것이 넉넉하지 못하여 구해도 뜻대로 얻을 수 없으며, 혹은 질병이 많거나 흉한 일이 많고 집안이 평화롭지 못하고 가족이 흩어지며 혹은 모든 횡액이 닥쳐서 몸을 괴롭히고 꿈 속에서 자주 놀라고 두려운 일이 많아도, 지장보살의 이름을 듣거나 형상을 보고 지극한 마음으로 공경하고 만 번을 부르면, 여의치 않는 모든 일이 점점 없어지고 안락을 얻게 되며 옷과 먹을 것이 풍족하고 꿈에서도 편안하게 되리라.

관세음보살이여, 또한 미래세에 어떤 선남자·선여인이 생활에 필요하거나 자신을 위해서나 대중을 위해서, 혹은 태어나고 죽는 일 때문에, 혹은 급한 일로, 혹은 산이나 숲 속에 들어가거나, 강이나 바다를 건너거나, 혹은 험한 길을 지나게 될 때, 한 사람이 먼저 지장보살의 명호를 만 번 생각하면, 그가 지나는 곳의 토지신이 보호해서 가고 서고 앉고 눕는 데 언제나 평안할 것이니라.

호랑이, 사자와 같은 모든 맹수들을 만날지라도 능히 해치지 못하리라."

부처님께서 관세음보살에게 말씀하셨다.

"지장보살은 염부제와 큰 인연이 있으니 만약 모든 중생이 보고 들어서 얻는 이익을 말하자면 백천 겁이 지나도 다 말하지 못하리라.

그러므로 관세음보살이여, 그대는 신력으로써 이 경전을 유포하여 사바세계의 중생들로 하여금 백천만 겁토록 영원한 안락을 누리게 할지니라."

이때 부처님께서 게송으로 말씀하셨다.

내가 이제 지장보살 위신력을 관하나니
항하사겁 말하여도 다 말하기 어렵도다
보고 듣고 우러르고 예배하기 일념 간에
하늘과 땅 이익하기 헤아릴 길 없느니라

혹은 남자 혹은 여자 혹은 어떤 용과 신이
삼악도에 떨어지게 되더라도 지심으로
지장보살 거룩한 분 귀의하면 수명 늘고
모든 죄업 남김없이 없어지네

어떤 사람 어릴 때에 양친부모 다 잃고서
부모님이 태어난 곳 어디인지 알 길 없고
형제자매 여러 가족 풍비박산 흩어져서
태어나고 성장해 온 그 사연을 다 모를 때

지장보살 그 형상을 만들거나 그림 그려
삼칠일 중 예배하고 잠시 동안 쉬지 않고
삼칠일 중 끊임없이 지장보살 부른다면
지장보살 가없는 몸 그들 앞에 나타나서

그의 가족 태어난 곳 고루고루 보여주며
악도 중에 떨어져도 모두 모두 건져내니
만약 능히 처음 마음 물러서지 않는다면

어김없이 머리 만져 마정수기 받게 되리

어떤 사람 만약 능히 깨달음을 구하거나
삼계 속의 고통바다 벗어나려 하올진대
이 사람은 모름지기 제자비심 발하고서
지장보살 거룩한 몸 우선 먼저 예배하면

여러가지 일체 소원 하루 빨리 성취되며
그 앞길을 가로막는 모든 업장 사라지리
어떤 사람 마음 내어 이 경전을 염하면서
여러 중생 제도하여 저 언덕에 가보고자

비록 능히 부사의한 원력 세워 읽고 읽고
또 읽어도 모두 모두 잊게 되면 이 사람은
지난 동안 지은 업장 장애되어 거룩하온
대승경전 능히 외지 못함이니

향과 꽃과 옷과 음식 여러가지 모두 갖춰

지극정성 기울여서 지장보살 공양하고
깨끗한 물 한 그릇을 지장보살 앞에 올려
하루 한 밤 지난 뒤에 이 청정수 마실 때에

지극한 맘 발하고서 오신채를 먹지 않고
술과 고기 삿된 음행 거짓말도 삼가하며
살생 또한 하지 않고 삼칠일을 지내면서
지장보살 그 이름을 지심으로 부른다면
꿈 속에서 대보살의 거룩하신 모습 보고
깨고 나면 총명이근 빠짐없이 갖추어져
이 경전의 가르침이 귓전에만 지나가도
천만생이 지나가도 길이길이 안 잊으니

이 모두는 부사의한 지장보살 위신력이
이 사람을 능히 시켜 큰 지혜를 얻게 하네

어떤 사람 빈궁하고 병도 많아 집안 운세
기울어져 가족들이 흩어지며 꿈 속에도

어느 때나 편안하지 아니하고 구하는 일
어그러져 뜻하는 일 못 이룰 때

지장보살 존상 앞에 지성 다해 예배하면
세간살이 그 속에서 모든 불행 다 없애며
깨었을 때 꿈속에도 어느 때나 편안하고
의식 모두 풍족하고 착한 신이 호위하리

산과 바다 지날 때에 독기 품은 금수들과
악한 사람 악한 신들 악풍들이 여러 가지
재난 주어 온갖 고통 닥쳐올 때 거룩하신
지장보살 존상 앞에 이르러서

일심으로 예배하고 정성 다해 공양하면
산 속이나 바다 속에 우글대던 여러 가지
모든 재난 소멸하네

관음보살 그대 또한 나의 말씀 잘 들으라

지장보살 위신력은 끝이 없고 부사의하니
이와 같은 보살의 힘 만약 널리 설하려면
백천만 겁 지나도록 못 다하네

지장보살 그 이름을 어떤 사람 혹 듣거나
거룩하신 형상 앞에 지성 다해 예배커나
향과 꽃과 의복음식 두루 갖춰 공양하면
백천 가지 미묘한 낙 어김없이 받게 되리
만약 능히 이 공덕을 온 법계에 회향하면
필경에는 부처 이뤄 생사윤회 벗어나리
그러므로 관음이여 빠짐없이 이 법 알아
항하사의 모든 국토 널리 알려 줄지니라

제13장

신과 인간에게 부촉

—

그때 부처님께서 금빛 팔을 다시 들어 지장보살의 이마를 어루만지시며 말씀하셨다.

"지장보살이여, 그대의 위신력은 불가사의하도다. 그대의 자비, 그대의 지혜, 그대의 변재는 불가사의하도다. 시방의 모든 부처님께서 그대의 불가사의함을 천만 겁 동안 찬탄하여도 다하지 못하리라.

지장보살이여, 내가 오늘 이 도리천에서 백천 억의 말로도 다 말할 수 없는 모든 부처님, 보살, 천신과 인간과 용, 팔부신중이 모인 자리에서 그대에게 다시 부촉하노라.

효행의 경전

그대는 불타는 집과 같은 삼계의 나고 죽음에서 아직 벗어나지 못한 중생들이 하루라도 악도에 빠지지 않도록 하라. 오무간이나 아비지옥에 떨어져서 천만 겁이 지나도록 벗어날 기약이 없도록 하지 말라.

지장보살이여, 이 남염부제 중생들은 뜻과 성품이 정한 바가 없으니 악한 업을 짓는 이가 많고 비록 착한 마음을 내었다고 할지라도 잠깐 사이에 곧 퇴보하며, 만약 악한 인연을 만나면 생각생각마다 악업을 더하게 되느니라.

그러므로 내가 분신을 나투어서 교화하고 제도하되 그 근성을 따라서 해탈의 길로 인도하느니라.

지장보살이여, 내가 지금 그대에게 간곡히 하늘과 인간의 중생들을 부탁하느니라.

만약 미래세의 어떤 하늘과 어떤 선남자·선여인이 불법 안에서 털끝 하나, 모래알 하나, 한 방울의 물보다 작은 선근을 심더라도 그대는 도력으로 이 사람을 보호하여 점점 위없는 궁극의 진리를 닦아 물러서지 않게 할지니라.

지장보살이여, 또한 미래세에 천인이나 사바의 중생들이 죄업대로 악도에 떨어지게 된다면 악도에 떨어질 때에나 혹은 지옥의 문 앞에 이르러서도 이 중생들이 한 부처님과 한 보살의 이름, 대승경전의 한 구절, 한 게송만 생각하더라도, 그대는 위신력과 방편으로써 구제할지니라. 가없는 몸을 나타내어 지옥을 부수고 천상에 태어나게 하여 미묘한 낙을 누리도록 할지니라."

  부처님께서 게송으로 말씀하셨다.

  현재와 미래의 모든 중생들을
  내 이제 그대에게 부촉하나니
  대신통과 방편으로 제도하여서
  악도에 떨어지지 않도록 할지니라

  그때 지장보살이 무릎을 꿇고 합장하여 부처님께 여쭈었다.

  "부처님이시여, 바라옵건대 염려하지 마옵소서.

  미래세의 선남자·선여인이 불법 안에서 한 생각이라

도 공경스러운 마음을 내면, 제가 온갖 방편으로 그들을 제도하여 나고 죽는 윤회에서 한시바삐 벗어나게 하겠습니다. 하물며 모든 착한 일들을 듣고 생각생각 닦아 행하는 사람이야말로 말할 나위가 있겠습니까? 이 사람은 자연히 위없는 궁극의 진리를 닦아 물러서지 않을 것입니다."

그때 자리에 있던 허공장보살(虛空藏菩薩)[42]이 부처님께 여쭈었다.

"부처님이시여, 제가 도리천에서 부처님께 지장보살의 위신력이 불가사의하다고 찬탄하심을 들었습니다. 미래세에 선남자·선여인과 모든 천신과 인간, 용들이 이 경전과 지장보살의 명호를 듣거나 형상을 우러러 예배한다면 무슨 이익을 얻게 되오니까?

바라옵건대 부처님이시여, 미래와 현재의 중생들을 위하여 간략히 말씀해 주시옵소서."

부처님께서 말씀하셨다.

"자세히 들으라. 내가 마땅히 그대를 위하여 분별해 설하리라.

만약 미래세에 선남자·선여인이 지장보살의 형상을
보거나 이 경전을 보거나 이 경전을 읽고 외우며 향, 꽃,
의복, 음식, 보배로써 공양하고 찬탄예배하면 스물 여덟
가지 이익을 얻게 되느니라.

　　첫째, 천인과 용이 지킴이요

　　둘째, 좋은 과보가 날로 더함이요

　　셋째, 착한 인연을 만남이요

　　넷째, 보리심(菩提心)[43]에서 물러나지 않음이요

　　다섯째, 옷과 먹을 것이 풍족함이요

　　여섯째, 질병이 닥치지 않음이요

　　일곱째, 수재와 화재를 만나지 않음이요

　　여덟째, 도적의 액난이 없을 것이요

　　아홉째, 모든 사람이 보고 흠모하고 존경함이요

　　열째, 귀신이 도울 것이요

　　열한째, 여자가 남자 몸으로 태어날 것이요

　　열두째, 여자라면 국왕이나 대신의 딸이 될 것이요

　　열셋째, 모양이 단정할 것이요

　　열넷째, 천상에 많이 태어날 것이요

　　　　　　　　　　　　　　　　　효행의 경전

열다섯째, 제왕이 될 것이요

열여섯째, 숙명통(宿命通)을 얻을 것이요

열일곱째, 구하는 바를 뜻대로 이룰 것이요

열여덟째, 가족들이 화목할 것이요

열아홉째, 모든 횡액이 소멸할 것이요

스무째, 업의 길이 영원히 없어질 것이요

스물한째, 가는 곳마다 통달할 것이요

스물두째, 꿈이 편안할 것이요

스물셋째, 선망부모가 괴로움에서 벗어날 것이요

스물넷째, 이미 지은 복을 타고 날 것이요

스물다섯째, 모든 성현이 찬탄할 것이요

스물여섯째, 총명하고 근기가 수승할 것이요

스물일곱째, 자비심이 충만할 것이요

스물여덟째, 마침내 성불하는 것이니라.

허공장보살이여, 또한 현재와 미래의 천인과 용, 팔부 신중이 지장보살의 이름을 듣거나 그 형상에 예배하거나 혹은 지장보살의 본원(本願)에 관한 법문을 듣고 수행하며 찬탄하고 예배하면 일곱 가지 이익을 얻게 되느니라.

첫째, 속히 성스러운 지위에 오름이요

둘째, 악업이 소멸됨이요

셋째, 모든 부처님이 곁에서 옹호하여 주심이요

넷째, 깨달음의 길에서 물러나지 않음이요

다섯째, 본원력이 더욱 커짐이요

여섯째, 숙명통을 얻음이요

일곱째, 필경에 부처를 이루는 것이니라."

이때 시방세계에서 모인 모든 부처님과 천인, 용, 팔부 신중들이 석가모니 부처님께서 지장보살의 불가사의한 위신력을 찬탄하시는 설법을 듣고 일찍이 없었던 일이라고 찬탄하였다.

도리천에는 한량없는 향, 꽃, 의복, 영락, 보배구슬이 비오듯 내려 석가모니 부처님을 공양하였으며 법회에 모인 대중들은 다시 우러러 예배하고 합장하며 물러갔다.

지장경 해설

지장경과 지장보살

《지장경》은 지장보살(地藏菩薩)의 중생 구원에의 열망과 헌신을 설한다. 그리고 인간의 그 깊은 악업과 지옥의 세계를 설한다.

불교의 궁극적인 목표인 윤회에서의 해탈은 결국 업보의 완전한 소멸과 마음의 웅대한 깨달음이라는 종교적 공간을 완벽하게 통과하지 않으면 이루어질 수 없는 지극히 어려운 과제이다.

우리는 맹목적으로 깨달음에 집착하고 또 불교교리

의 숙달을 통해서 지극히 어려운 그 과제를 풀 수 있다고 여긴다. 그러나 인간의 업보가 남아 있는 한 그 지극히 어려운 과제는 역시 머나먼 별나라의 이야기에 지나지 않을 것이다.

그래서 인간업보의 숙명성을 진솔하게 인정하고 구원의 길을 설하는 《지장경》은 어느 경전보다도 진실한 인간의 호흡을 담고 있다.

《지장경》의 주인공은 역시 지장보살이다. 이 경전에서는 불교의 찬란한 상징 석가모니불도 문수보살이나 정자재보살, 보현, 보광, 관세음보살 같은 대보살들도 지장보살의 거룩한 공덕을 찬탄하는 조연으로 등장한다.

그렇다면 지장보살은 누구인가?

지장보살은 범어 크시타가르바(Ksitigara-bha)의 역어로서 대지(大地)와 같이 일체 중생을 포용하는 대승불교의 이상적 인간상, 즉 보살이다. 그래서 《대승대집지장십륜경(大乘大集地藏十輪經)》에서는 지장보살에 대하여 이렇게 설한다.

"이 위대한 보살은 모든 미묘한 공덕을 갈무리하고 있

으며 모든 해탈의 진귀한 보배가 나오는 문이다. 마치 여의보주가 뭇 재보를 비오듯 내리는 것처럼 중생들이 바라는 바에 따라서 모두 만족케 한다."

뿐만 아니라 지장보살은 여러 대승경전에 다채로운 얼굴로 등장하여 대승불교의 이타정신을 설한다.

즉 《관음경》의 지지보살(持地菩薩), 《최승왕경》의 묘당보살(妙幢菩薩), 《지도론》의 금강지지보살(金剛持地菩薩)도 모두 지장보살의 또 다른 이름이다.

《지장경》에서도 지장보살은 수많은 분신(分身)으로 죄업을 지은 일체 중생들에게 근기에 알맞은 방편을 베풀어 구원하는 '구원의 보살'로 묘사되고 있다.

특히 지장보살의 전문 교화구역은 지옥이다. 수많은 겁 이전에 지옥중생의 구원을 서원한 지장보살은 영겁의 수레바퀴가 구르는 기간 내내 지옥중생의 구원에 정진하였으나 아직도 지옥중생은 남아 있다. 그 이유는 중생의 깊은 미혹 때문에 업의 길에서 벗어났다가 다시 지옥에 떨어지는 중생이 끊임없이 많기 때문이라고 《지장경》은 설한다.

그만큼 《지장경》은 지옥중생에 대한 지장보살의 자비심과 보살도 실천의 무한성을 재삼 확인하고 있는 것이다. 그래서 예부터 절집에는 "지옥문 앞에선 지장보살의 눈물이 마를 날이 없다"는 속담이 전해지고 있는 것이다.

여기서 하나의 게송을 소개하기로 한다.

지장보살이 한가히 노닌다고 말하지 말라
지옥 문전에 서서 눈물 거둘 날이 없나니
악업을 짓는 사람 많고
선업을 닦는 사람 적나니
지옥중생 교화하기에
어느 땐들 쉴 수 있을 것인가

이처럼 지장보살은 일체 모든 중생이 다 해탈하기 전에는 결코 혼자만의 해탈은 이루지 않겠다는 서원을 가진 보살인 것이다. 어느 누가 혼자만의 해탈을 성취한다고 하더라도 그것은 완전한 해탈이 아닌 것이다.

지장경에서 설하는 지옥

현대사회에서 우리는 지장보살, 혹은 지옥의 업보에 관한 이야기를 듣게 되면 '낡은 이야기'라고 치부하게 된다.

그러나 삶의 법칙에 관한 한 오래된 주제일수록 더욱 새로운 개성을 갖는 법이다. 가령 인류가 오랫동안 안고 있는 사후의 세계에 관한 의문 역시 그 여부를 99% 부정하더라도 1%의 의문이 남는다면 이 문제는 결코 소홀히 다루어질 수 없는 문제이다.

그렇다면 지옥이란 무엇인가?

지옥이란 물론 악업의 과보로 잔혹한 징벌을 받는 사후의 세계이다. 괴로움이 극치를 이루는 세계, 인간이 죽은 뒤 그 죄업의 성질에 따라 여러 가지 지옥에 떨어져서 온갖 괴로움을 받는 세계이므로 즐거움은 없고 잔혹한 고통만이 기다리고 있는 세계인 것이다.

《지장경》에서는 수많은 종류의 지옥이 설해진다. 지옥의 사상을 설하는 불교경전에 공통적으로 나타나는 특성은 모든 인간에게는 사후의 심판이라는 과정이 누구에게나 주어진다. 그러므로 사후에 좋은 과보를 얻고자 한다면 그에 합당하는 선행을 쌓아야 한다는 것이다.

이렇게 본다면 사후의 심판에서는 빈부의 차이나 신분의 고하를 가리지 않는 절대적 평등을 보장받게 되는 것이다. 즉 '법 앞에서의 만인평등'인 것이다.

지장보살은 설한다.

"어진 이여, 이 여러 가지 지옥들은 모두 남염부제에서 악업을 행하는 중생들의 업력으로 생겨나는 것입니다. 업의 힘은 매우 커서 능히 수미산과 같아서 성스러운 진리의 길을 막습니다. 그러므로 중생들은 아무리 작은 악이라도 죄가 되지 않는다고 가벼이 여기지 말아야 합니다. 아무리 작은 악이라도 죽은 뒤에는 과보를 받아야 하며 부모와 자식이 지극히 친하더라도 가는 길이 각각 다르고 비록 서로 만날지라도 대신 받을 수가 없습니다."

그토록 잔혹한 징벌의 세계인 지옥도 모두 우리의 업력으로 만들어지며 아무리 사소한 악행이라도 그 과보는 분명하다는 것이다.

여기서 중요한 점은 지옥이 누군가 만들어 놓고 죄인이 오기를 기다리는 곳이 아니라 죄업중생인 우리 자신의 업력에 의해서 만들어진다는 것이다.

그러므로 악업이 있는 한 지옥도 영원한 것이다.

지옥에서 받는 잔혹한 형벌의 종류와 지옥의 구조를 유심히 살펴보면 그것은 모두 지금 우리가 살고 있는 세계의 의식구조, 행동방식과 조금도 다르지 않다. 바로 우리의 업력이 투영되어 존재하는 세계이기 때문인 것이다.

그러므로 지금부터라도 자신의 업력에 대해 성찰하고 석존의 길을 성실히 따르는 마음을 낸다면 지옥이 존재할 만한 근거가 더 이상 생겨나지 않는다는 입장이 《지장경》에 숨은 사상이다.

이와 같이 《지장경》에서 설하는 지옥의 사상은 인간의 행위에 대한 엄격한 자기성찰을 전제로 하고 있다는 것을 깨달을 필요가 있다. 결코 사람들을 겁주기 위한 황당한 이야기가 아닌 것이다.

지옥은 불교가 설하는 타계관념(他界觀念) 중의 하나

이지만 단순히 관념으로만 끝나지 않는 실존의 세계이다. 지옥과 극락이란 우리들의 마음 속에 있는 업보가 구체적으로 표현된 세계이면서 동시에 현실적으로 존재하는 세계이기 때문이다.

지장경의 구성과 유통

《지장경》은 당대(唐代)의 역경 삼장 실차난타(實叉難陀)의 번역으로 전해지고 있으나 일찍이 어떤 경전 목록에도 기록되지 않았으며 고려대장경, 송장(宋藏), 원장(元藏)에도 수록되어 있지 않다. 다만 명장(明藏)에 처음 수록되어 있는 것으로 보아 실차난타의 번역이 아니라 후대의 번역이라고 추정하는 학자들도 있다.

또한 《대승대집지장십륜경》의 설을 근간으로 후대에 새로 쓰여진 경전[僞經]이라는 주장도 있다. 그러나 여기서는 지장경의 성립에 관한 상세한 설명은 하지 않기로 한다.

지금부터 《지장경》 전 13품의 명칭과 내용을 간략히

소개하기로 한다.

제1 도리천궁의 신통

본경의 서막. 부처님이 어머니 마야부인을 위하여 도리천궁에서 설법하고 계실 때 수많은 제불보살, 천신과 천룡팔부가 운집한다. 부처님은 이들 모두를 과거에 지장보살이 교화하였으며 현재에도 교화하고 있고 미래에도 교화할 것이라고 설한다. 이에 문수사리가 지장보살의 서원과 위신력을 부처님께 묻자, 지장보살이 과거생에 효심 깊은 바라문의 딸로서 어머니를 위하여 각화정자재왕여래에게 기원하고 지옥에 떨어진 어머니를 구원했다고 설하신다. 또한 지옥의 위치와 모습이 설해진다.

제2 분신의 모임

지장보살의 수많은 분신들이 부처님이 계신 도리천궁에 모인다. 그때 부처님께서는 금빛 팔을 펴서 분신들을 수기(授記)하시고 "……사바세계에 미륵불이 나타나실 때까지 모든 중생을 해탈케 하여 모든 괴로움에서 영원히 벗어나게 할 것"을 부촉한다. 지장보살의 분신들은 갖가지 방편으로 모든 국토에서 중생을 제도하겠다고 서원한다.

제3 중생의 업연

부처님의 어머니 마야부인이 지장보살에게 중생이 지옥에 떨어지는 업연과 지옥의 고통에 대해서 묻는다. 지장보살의 답변이 수록되어 있다.

제4 중생이 받는 업보

부처님께서 지장보살의 전생이었던 광목이라는 여인의 이야기를 설하고 중생들의 갖가지 죄업에 관한 지장보살의 교화방편을 설한다.

제5 지옥의 이름

지옥에 관한 보현보살의 질문에 지장보살은 여러 지옥의 명칭과 형벌의 종류, 형벌에 사용되는 형구의 종류를 설한다.

제6 여래의 찬탄

부처님께서 보광보살에게 지장보살의 위신력과 공덕을 찬탄하고 미래 중생이 지장보살상에 예배공양함으로써 얻는 공덕에 관해 설한다.

제7 모든 목숨을 이익케 함

임종하는 사람이나 그 가족이 부처님의 가르침을 따르고 지장보살의 명호나 형상에 예배공양함으로써 얻는 공덕에 관해 설한다.

제8 염라왕들에 대한 찬탄

염라천자가 여러 귀왕(鬼王)들을 데리고 와서 지장보살의 교화를 설명하고 지장보살을 도와 중생교화에 나서겠다고 서원하자 부처님께서 염라왕들을 찬탄한다.

제9 부처님의 명호

지장보살이 과거에 나타난 여러 부처님들을 찬탄한다.

제10 보시의 공덕

일체의 빈궁한 중생에 대한 보시와 무너진 탑사, 불상, 경전의 수리, 조성공덕을 설한다.

제11 땅의 신이 불법을 옹호함

땅의 신이 부처님께 지장보살의 공덕을 땅의 비유로써 여쭙고 지장보살의 형상이나 《지장경》을 받들고 유포하는 공덕을 설한다.

제12 보고 들어서 얻는 이익

부처님께서 여러 가지 크고 미묘한 광명을 발하시고 관세음보살이 지장보살에게 예배공양함으로써 얻는 불가사의한 이익과 《지장경》의 독송에 관한 이익을 묻는다. 부처님께서는 그 이익을 말씀하시고 게송으로써 답하신다.

제13 신과 인간에게 부촉

부처님께서 지장보살의 위신력을 찬탄하시고 허공장

보살의 질문에 따라 지장보살을 예배찬탄하심으로써 얻는 갖가지 공덕을 설한 뒤《지장경》의 독송과 유포를 천신과 인간에게 부촉한다.

　이상이《지장경》의 구성과 내용이다.
　《지장경》은 우리나라에서는 16세기 이후, 자주 언해(諺解)되었으며 시왕신앙(十王信仰)과 결부되어 민간에 널리 유통되었다. 특히 신앙심 깊은 노보살들에게 매우 애호되어 온 이 경은 지금까지 각 사찰에서 끊임없이 배포하고 있는 경전이다.
　최근의 젊은 불자들은《지장경》이 지장보살의 지옥중생 교화를 설하는 경전이라는 선입관을 갖는 경향이 있다.
　그러나《지장경》은 그 구성의 탁월함과 인간의 심리에 관한 세밀한 묘사를 전개하고 있어서 불교적인 인간 구원의 문제를 생각하고 있는 독자라면 그 드높은 가치를 알 수 있으리라고 본다.
　경전은 그것이 정통의 경전이거나 위경(僞經)이거나 그

경전이 성립된 사상적인 배경과 신앙이 있기 마련이다. 우리는 그 점을 존중하기로 하자. 그리고 반드시 정통의 경전이라고 해서 그 경전의 값을 다하는 것은 아니다. 서고에만 박혀 있으면 아무리 정통의 경전이라고 한들 무슨 의미가 있겠는가?

지장경 역주(譯註)

•

1) 도리천(忉利天) : 범어 Trāyastriṃśa의 역어. 불교의 세계관에서 말하는 욕계 6천의 제2천. 33천이라고 번역한다. 수미산의 제일 꼭대기에 있는 천상계. 중앙에 선견성(善見城)이라는 4면이 각각 8만 유순이 되는 큰 성이 있고 이 성 안에 제석천(帝釋天)이 있다. 또한 사방으로 각각 8성이 있어서 제석천의 권속들이 살고 있다. 사방 8성인 32성과 중앙의 선견성을 더하여 33성이 된다. 이 33천에서는 반달의 3재일(三齋日)마다 성 밖에 있는 선법당에 모여서 법답고 법답지 못한 일들을 논한다고 한다.

2) 보시바라밀(布施波羅蜜) : 대승불교의 수행자. 즉 보살이 수행하는 여러 가지 수행덕목. 바라밀은 범어 Prāmitā의 음역으로서 저 언덕(열반의 세계)에 건너간다[到彼岸]고 번역한다. 모두 여섯 가지의 바라밀이 있다. ① 공(空)의 이법을 체득하여 일체 중생에게 헌신하는 보시바라밀(布施波羅蜜) ② 불교의 윤리를 실천하는 지계바라밀(持戒波羅蜜) ③ 인내하고 용서하는 인욕바라밀(忍辱波羅蜜) ④ 끊임없는 신심과 끈기로 불법의 체득을 위해 노력하는 정진바라밀(精進波羅蜜) ⑤ 선(禪)의 길, 선정바라밀(禪定波羅蜜) ⑥ 반야의 완성, 반야바라밀(般若波羅蜜)이 있다.

3) 사천왕천(四天王天) : 욕계 6천의 사천왕천의 주인으로서 수미산의 4주를 수호하는 천신. 호세천(護世天)이라고도 하며 수미산 중턱에 머문다고 한다. 사천왕은 ① 동방을 수호하는 지국천왕(持國天王) ② 남방을 수호하는 증장천왕(增長天王) ③ 서방을

수호하는 광목천왕(廣目天王) ④ 북방을 수호하는 다문천왕(多
聞天王)이며 이들은 도리천의 주인인 제석천의 명을 받아 사천
하를 돌아다니면서 사람들의 선과 악을 살피고 이를 보고한다
고 한다. 우리나라 사찰에서는 사찰 입구의 천왕문에 사천왕상
을 봉안하고 사찰의 수호신으로 삼고 있다.

4) 수염마천(須焰摩天) : 이 천상계는 밤과 낮의 구별이 없으며 단
지 꽃봉오리가 열렸다가 오므라드는 것을 보고 시와 분을 알기
때문에 묘시분(妙時分)이라고 한다.

5) 화락천(化樂天) : 욕계 6천 중의 제5천. 모든 것이 미묘한 즐거움
으로 변하는 천상계. 《구사론》 권11, 《대지도론》 권9, 《인왕경》
권상에서 설해지고 있다.

6) 타화자재천(他化自在天) : 범어 Paranirmitava-śavarti deva의
역어. 욕계 6천 중의 하나. 타화천이라고도 한다. 욕계의 가장
높은 곳에 있는 천상계. 이 천상계에서는 남의 즐거움을 자재롭
게 자기의 쾌락으로 삼으므로 타화자재천이라고 한다. 이 천상
계의 남녀는 서로 마주보는 것으로 음행을 하고 아들을 낳으려
는 생각만 하면 아들이 저절로 무릎에 나타난다고 한다. 이 천
상계의 천신들의 키는 3리, 수명은 1만 6천 세로 1주야는 인간
세상의 1천 6백 년에 해당한다고 한다.

7) 마혜수라천(摩醯首羅天) : 범어 Maheśvara의 음사. 자재천이라
고 번역한다. 자재천과 대자재천의 두 종류가 있다. 자재천은 비
사마혜수라천(毘舍摩醯首羅天)이라고 하며, 두 눈에 여덟 개의
팔을 가진 모습으로 흰 소를 타고 색계에 주한다고 한다. 대자

재천은 정거마혜수라천(淨居摩醯首羅天)이라고 하며 색계의 가장 높은 곳인 정정거천(頂淨居天)에 주하며 매우 훌륭한 모습을 갖고 있는 천신이라고 한다. 불교에서는 마혜수라를 섬기는 외도를 마혜수라외도(摩醯首羅外道)라고 한다.

8) 문수사리법왕자보살마하살(文殊舍利法王子菩薩摩訶薩) : 문수사리는 범어 Mañjuśrī의 음역. 불교의 지혜를 상징하는 보살. 실천을 상징하는 보현보살과 함께 석가모니 부처님을 좌우에서 모시는 보살. 사자를 탄 형상으로 석가모니불을 왼쪽에서 모신다. 법왕자는 보살의 존칭. 국왕에게 왕자가 있듯이 보살은 미래에 부처가 될 것이므로 왕자라고 부른다. 특히 문수, 미륵보살을 지칭하여 법왕자라고 부른다.

9) 지장보살(地藏菩薩) : 범어 Kṣitigarbha의 역어. 대지(大地)와 같이 일체 중생을 포용하는 보살이 되며 육도중생(지옥, 아귀, 축생, 수라, 인천)의 죄업을 교화하여 안락으로 인도하는 보살. 특히 지옥중생을 교화한다고 한다. ※본 경의 해설 참조.

10) 천룡팔부(天龍八部) : 불법을 수호하는 여덟 부류의 무리. 천(天), 용(龍), 야차(夜叉), 건달바(乾闥婆), 가루라(迦樓羅), 아수라(阿修羅), 마후라가(摩睺羅迦), 긴나라(緊那羅).

11) 삼천대천세계(三千大千世界) : 우리가 살고 있는 이 사바세계를 1소세계라고 하고 이것을 천 개 모은 것을 중천세계, 중천세계를 천 개 모은 것을 대천세계라고 한다. 이 대천세계를 세 번 모은 것을 삼천대천세계, 즉 무한의 세계를 뜻한다.

12) 항하사(恒河沙) : 항하는 인도의 갠지스 강을 뜻하며 항하사는

갠지스 강의 모래알만큼의 많은 무한수를 의미한다.

13) 십지과위(十地果位) : 보살이 닦는 수행계위. ① 환희지(歡喜地)
② 이구지(離垢地) ③ 발광지(發光地) ④ 염혜지(焰慧地) ⑤ 난승
지(難勝地) ⑥ 현전지(現前地) ⑦ 원행지(遠行地) ⑧ 부동지(不動
地) ⑨ 선혜지(善慧地) ⑩ 법운지(法雲地).

14) 악도(惡道) : 중생이 나쁜 업보로 인해 태어나는 곳. 지옥, 아귀,
축생의 세계를 삼악도(三惡道)라고 하며 또 악취(惡趣)라고도
한다.

15) 육도중생(六道衆生) : 중생이 업보에 따라 윤회하는 여섯 가지
삶의 존재방식. 지옥(地獄), 아귀(餓鬼), 축생(畜生), 수라(修羅),
인(人), 천(天).

16) 나유타(那由陀) : 범어 Nayuta의 음사. 인도에서 매우 많은 수를
표시하는 수량의 명칭. 수천만 억이라고도 하며 그 수는 반드
시 동일하게 사용되지는 않는다.

17) 아승지겁(阿僧祇劫) : 겁의 수가 아승지라는 것. 아승지는 셀 수
없이 무한한 숫자를 가리킨다. 수학으로도 표현할 수 없는 무
한수. 겁은 범어 Kalpa의 음역. 가장 긴 시간의 단위. 우주가 존
속되고 파괴되어 없어지는 하나하나의 단위, 즉 우주가 생성되
는 성겁(成劫), 우주가 존속되는 주겁(住劫), 우주가 무너지는 괴
겁(壞劫), 우주가 소멸되어 존재하지 않는 공겁(空劫). 이 성주괴
공의 겁이 진행되는 한 주기의 겁을 대겁(大劫)이라고 한다. 겁
의 무한을 나타내는 비유로는 천녀가 백 년에 한 번씩 사방 사
십 리의 돌산을 문질러 다 닳아 없어지는 때가 일겁이라는 이

야기가 있다.

18) 상법(像法) : 불법이 존속하는 중간시기. 즉 부처님의 가르침이 바르게 행해지는 정법(正法)시대, 정법시대와 비슷하게 닮아서 교법과 수행은 있으나 깨달음은 없는 상법(像法)시기, 교법은 있으나 수행하는 이도 깨닫는 이도 없는 말법(末法)시대. 이 정(正), 상(像), 말(末)의 세 시기가 각각 오백 년씩이라고 한다.

19) 대철위산(大鐵圍山) : 범어 Cakravāḍa의 역어. 남섬부주의 남쪽 끝에서 3억 6만 6백 63유순 되는 곳에 있다고 하며, 산 전체가 철로 이루어지고 높이와 넓이가 모두 3백 12유순이라고 한다.

20) 남염부제(南閻浮提) : 범어 Jambudvipa의 역어. 남섬부주(南贍部洲)라고도 한다. 고대 인도인은 이 세계가 수미산을 중심으로 형성되어 있으며 이 산의 주변에는 구산(九山)과 팔해(八海)가 있고 그 일곱 번째 산의 주위는 바다로 둘러싸인 네 개의 섬이 있다고 생각했다. 이 네 개의 섬을 사대주(四大洲)라고 한다. 동쪽에는 동승신주(東勝神洲), 서쪽에는 서우화주(西牛貨洲), 북쪽에는 북구로주(北瞿盧洲), 남쪽에는 남섬부주(南贍部洲)가 있다고 한다. 이 남염부제(南閻浮提)가 지금 우리가 살고 있는 곳이라고 한다.

21) 유순(由旬) : 범어 Yojana의 음사. 고대 인도에서 제왕이 하루 행차하는 거리. 30리 혹은 40리라고 한다.

22) 삼업(三業) : 중생이 몸[身], 말[口]과 생각[意]으로 짓는 업. 이것을 신구의(身口意) 삼업이라고 한다.

23) 아뇩다라삼먁삼보리(阿耨多羅三藐三菩提) : 범어Anuttarasaṁya

ksambodhi의 음역. 무상정등각(無上正等覺), 무상정변지(無上正遍智)라고 번역한다. 불교 수행의 궁극적 경지로서 '최상의 바르고 평등한 깨달음', '바르고 드넓은 지혜'를 뜻한다.

24) 제석(帝釋) : 범어 Śakrodevendra의 역어. 도리천의 왕으로서 사천왕과 삼십이천을 통솔하며 불법에 귀의한 사람들을 옹호한다고 한다. 아수라의 군대와 싸운다고 한다.

25) 전륜왕(轉輪王) : 범어 Cakravarti-rāja의 역어. 고대 인도의 이상적인 제왕. 석존과 같이 32종의 외관상의 특징을 가지고 있다고 한다. 이 왕이 즉위하면 하늘로부터 윤보(輪寶)를 받아 그것을 굴리며 전 세계를 평화적으로 정복한다고 한다. 이와 같은 제왕에 대한 기대는 힌두교, 불교, 자이나교에 걸쳐서 공통된 것이다.

26) 여래(如來)……세존(世尊) : 부처님의 지혜와 덕을 나타내는 10대 명호.

27) 십선(十善) : 몸과 말, 생각으로 열 가지 악을 범하지 않고 행하는 선. 즉 ① 불살생(不殺生) ② 불투도(不偸盜) ③ 불사음(不邪婬) ④ 불망어(不妄語) ⑤ 불양설(不兩舌) ⑥ 불악구(不惡口) ⑦ 불기어(不綺語) ⑧ 불탐욕(不貪欲) ⑨ 불진에(不瞋恚) ⑩ 불사견(不邪見)을 가리킨다.

28) 야차(夜叉) : Yakṣa의 음역. 불법을 옹호하는 팔부신중의 하나. 나찰과 함께 비사문천의 권속으로 북방을 수호한다고 한다. 야차에는 천야차(天夜叉), 지야차(地夜叉), 허공야차(虛空夜叉)가 있으며 천야차, 허공야차는 날 수 있는 비행 야차이지만 지야

차는 날 수 없다고 한다.

29) 인비인(人非人) : 사람과 사람 아닌 존재. 팔부신중과 사람을 구별하여 부르는 호칭. 사람 아닌 것은 부처님이 설법하시는 장소에 사람의 모습으로 변하여 온 천신 등을 가리키기도 한다. 단 주의해야 할 점은 팔부신중 가운데의 긴나라(緊那羅, kimnara)를 한역불전에서는 인비인(人非人)이라고 옮기고 있어서 혼동할 수 있다. 《관음경(觀音經)》등에서는 긴나라와 인비인을 구별하여 사용하고 있다.

30) 삼십삼천(三十三天) : 도리천의 또 다른 이름. 주 1) 참조.

31) 당(幢)이나 번(幡) : 법당을 장식하는 장엄도구. 당은 장대 끝에 용머리 형상으로 꾸미고 비단깃발을 단 것. 번은 갖가지 교리를 상징하는 장엄불을 매달아 법당 안에 설치하는 장엄도구. 모두 불보살의 지혜와 공덕을 나타내고 중생들을 이끌어 마군들을 굴복시키는 표치.

32) 염라천자(閻羅天子) : 죽은 자의 세계, 즉 지옥세계를 지배하는 신. 염라는 범어 Yama의 음역.

33) 육욕천(六欲天) : 불교에서 설하는 욕계(欲界), 색계(色界), 무색계(無色界)의 삼계 중 욕계에 속하는 여섯 가지 천상계. ① 사왕천(四王天) ② 도리천(忉利天) ③ 야마천(夜摩天) ④ 도솔천(兜率天) ⑤ 화락천(化樂天) ⑥ 타화자재천(他化自在天).

34) 법계(法界) : 범어 Dharmadhātu의 역어. 차별적인 세간계와 대비되는 깨달음의 세계.

35) 회향(迴向) : 범어 Pariṇāma의 역어. 보살의 수행덕목. 자신이 닦

은 바 공덕과 깨달음을 일체 중생에게 되돌리는 것.

36) 정거천(淨居天) : 색계의 제4선천(第四禪天). 다시는 생로병사의 이 세계를 윤회하지 않는 결과[不還果]를 증득한 성인이 나는 천상계. 무번천(無煩天), 무열천(無熱天), 선현천(善現天), 선견천(善見天), 색구경천(色究竟天)의 다섯 하늘이 속해 있다.

37) 단월(檀越) : 범어 Danapati의 음사. 시주(施主)라고 옮긴다. 보시를 행하는 사람. 신도.

38) 관세음보살(觀世音菩薩) : 범어 Avalokiteśvara의 역어. 즉 세간의 소리를 관찰하여 중생을 제도하는 보살. 관세음보살은 천수천안의 보살이라고 불릴 만큼 무한한 방편과 인연으로 중생들에게 자비를 베풀고 깨달음으로 인도하는 대승불교의 대표적인 보살이다. 《관음경》에서는 관세음보살이라고 표기하고 있지만 반야계 경전에서는 주로 관자재보살(觀自在菩薩)이라고 표기한다. 특히 현장(玄奘) 삼장이 번역한 《반야심경》에서는 관자재보살이라고 옮기고 있으며, 지혜륜(智慧輪) 삼장이 번역한 《반야심경》에서는 관세음자재보살(觀世音自在菩薩)이라고 옮기고 있다. 즉 관세음보살은 자비를 강조하는 호칭이며, 관자재보살은 지혜를 강조하는 호칭이다. 그러나 일반적으로 관세음보살은 자비를 상징하는 보살로 더 많이 알려져 있다.

39) 오쇠상(五衰相) : 천인오쇠라고도 한다. 천인(天人)이 복덕이 다하여 죽으려 할 때 다섯 가지 형태로 나타나는 쇠퇴상. 경전에 따라 그 내용이 약간 다르다. 《열반경》 권19에 의하면 ① 옷에 때가 묻는다. ② 머리의 화관이 시들고 ③ 몸에서 나쁜 냄새가

난다. ④ 겨드랑이에서 땀이 난다. ⑤ 자신의 주처가 즐겁지 않다.

40) 삼계(三界) : 중생들이 살아가고 있는 세계를 그 특성에 따라 세가지로 나눈 것. 즉 욕계(欲界), 색계(色界), 무색계(無色界). 욕계는 정욕과 식욕을 가진 중생들의 세계, 색계는 앞의 정욕과 식욕은 버렸으나 아직 물질의 제약을 받는 세계, 무색계는 욕망이나 물질의 제약을 받지 않는 세계.

41) 오신채(五辛菜) : 자극성이 강해 먹으면 음심을 일으키고 자주 화를 내게 하여 수행에 방해가 되므로 먹어서는 안 되는 식물. 마늘, 부추, 파, 달래, 홍거.

42) 허공장보살(虛空藏菩薩) : 범어 Akasagabhara의 역어. 허공을 창고로 삼을 만큼의 지혜와 방편을 가진 보살.

43) 보리심(菩提心) : 보살도의 수행자가 발해야 하는 마음. 진리를 향해 걸어가는 마음. 보리는 Bodhi의 음사로서 깨달음, 도(道), 진리라고 옮긴다. 즉 지금까지 세간적인 것에만 집착하고 있던 자기 존재, 마음의 깨달음의 실현, 불도(佛道)의 실천으로 돌리는 것이 보리심을 일으키는 것이다.

역자 소개_ 일지(一指) 스님

1960년에 태어나, 1974년에 출가하여 1980년 해인사 강원(제21회)을 졸업하고 1982년 해인율원을 수료했다. 이후 경학(經學)과 선학(禪學)을 탐구해 왔으며, 문경 봉암사, 망월사, 오대산 상원사 등지의 선원에서 수선(修禪) 안거를 했다. '불교인 문주의'라는 독특한 영역을 심화시켜 많은 불교 관련 저서를 쓰고 경전과 선어록 들을 번역했다. 불교경학연구소를 설립, 《유마경》, 《법화경》, 《화엄경》 등을 강의 했다. 2002년 젊은 나이로 입적했다. 저서로는 《중관불교와 유식불교》(1992), 《선禪이야기》(1996), 《선불교강좌 백문백답》 등이 있고, 번역서로는 《임제록》(1988), 《중국문학과 禪》(1992), 《傳心法要》(1993), 《통윤의 유마경 풀이》(1999) 등이 있다.

정토로 가는 길②

효행의 경전
부모은중경 · 목련경 · 우란분경 · 지장경

초판 1쇄 인쇄 | 2020년 7월 25일   초판 1쇄 발행 | 2020년 7월 30일

옮긴이 | 일지

펴낸이 | 윤재승   펴낸곳 | 민족사

주간 | 사기순   기획편집팀 | 사기순, 최윤영   영업관리팀 | 김세정

출판등록 | 1980년 5월 9일 제1-149호
주소 | 서울 종로구 삼봉로 81 두산위브파빌리온 1131호
전화 | 02)732-2403, 2404   팩스 | 02)739-7565
홈페이지 | www.minjoksa.org
페이스북 | www.facebook.com/minjoksa
이메일 | minjoksabook@naver.com

ⓒ 민족사, 2020

ISBN 979-11-89269-71-5 (04220)
ISBN 979-11-89269-69-2 (04220) 세트

※책값은 뒤표지에 있습니다. 잘못된 책은 바꿔 드립니다.
※저작권법에 의하여 보호를 받는 저작물이므로 무단으로 복사,
  전재하거나 변형하여 사용할 수 없습니다.